LETTRES.

LETTRES

LETTRES

D'UN

SOUVERAIN

PHILOSOPHE,

A un véritable ami, à ſes Miniſtres & à différens Particuliers ;

Ouvrage qui peut être utile à tous les Gens en place, & principalement à l'éducation d'un jeune Prince.

Par le Chevalier * * * *

TOME SECOND.

Heureux les Peuples dont les Philo-ſophes ſont les Rois, & dont les Rois ſont Philoſophes. *Platon, traité de la République.*

M. DCC. LXXXIV.

LETTRES
D'UN
SOUVERAIN
PHILOSOPHE.

LETTRE SOIXANTE-DIXIEME.
Du Gouverneur d'un Prince.

JE suis sur le point, Monsieur le Duc, de donner bientôt un gouverneur à mon fils, & très-embarrassé de fixer mon choix sur une personne qui ait les talens & les vertus nécessaires à cette place, & qui réponde aux idées que je me suis formées sur son éducation. La circonspection qui doit décider ce choix, est d'autant plus

grande que je ferois refponfable à Dieu &
à mes Peuples de ma négligence, s'il doit
un jour leur commander , & faire leur
bonheur ou leur malheur. La brigue & la
cabale m'obfédent pour cet important emploi ; mais vous devez bien penfer, me
connoiffant , qu'il n'en fera pas le prix,
mais du mérite.

Car, enfin, quelle élévation & quelle
nobleffe d'ame, quelle fageffe d'efprit,
quel fens droit, quelle jufteffe de difcerne-
ment, quelle douceur, quelle fermeté,
quelle probité, quels mœurs ne doit point
avoir celui qui eft chargé d'élever un enfant
qui apporte en naiffant une fupériorité
indépendante de fes qualités morales, dont
on n'approche qu'avec refpect, à qui tout
annonce qu'il eft fait pour commander
aux autres ; qui penfe qu'il eft d'une efpèce
particuliere, & qui, fûr d'un état & d'un
rang fi élevé, ne cherche plus à s'en rendre digne, ou s'en foucie fouvent fort
peu ?

Vous voyez, M. Le Duc, que mes
inquiétudes à ce fujet ne font pas fans fon-

dement. Aidez-moi dans la recherche de cet homme précieux, & s'il est digne de cette place, qu'il ait de la naissance ou qu'il n'en ait point, ce sera un bonheur pour moi de la lui confier. Voici mes idées sur le caractère de la personne que je désire. Mon intention seroit d'abord qu'il inspirât à son éleve des sentimens de religion & ses devoirs, non ceux qui tiennent à des pratiques minutieuses & puériles, mais aux essentielles, & qui la rendent sainte & respectable : car quel frein retiendra un homme au-dessus des loix, & qui peut braver l'opinion publique, si ce n'est la religion : elle seule d'ailleurs nous console dans les maladies & les adversités, & les Princes n'en sont pas plus exempts que le reste des hommes.

Qu'il lui recommandât l'amour de ses parens, comme ceux à qui, après Dieu, il doit le jour, bien convaincu qu'eux seuls dans ce monde sont ses véritables amis; & qu'un jour pouvant être pere, il connoîtra toute l'étendue de ces sentimens.

Je desirerois, qu'en l'instruisant dans les lettres & les sciences, il s'appliquât à former son cœur, particuliérement aux vertus morales & à celles sur-tout qui peuvent faire le bonheur des hommes.

Qu'il cultivât la sensibilité de son ame; avec un ame sensible on peut être foible, rarement vicieux.

Qu'il lui apprît à aimer une nation dont il sera un jour le Chef, dont il doit faire le bonheur; & qui, s'il l'aime véritable-ment, fera un jour le sien; car on n'est ni aimé, ni respecté pour avoir une naissance au-dessus des autres, pour avoir le droit de leur commander, pour consom-mer en dépenses folles & honteuses les sueurs du travail des Peuples; mais on l'est par des vertus personnelles & par le bien que l'on fait aux hommes; qu'il lui inspirât aussi des idées de justice, & que sans l'équi-té l'autorité devient une tyrannie, & que moins on abuse de sa puissance plus elle est étendue.

Qu'il lui supposât des sentimens analo-gues à son état, s'il vouloit qu'il les acquît ; qu'il le traitât en homme, s'il vouloit qu'il le devint. Plus les mœurs de fon fiecle feront dépravées, & plus je voudrois qu'il lui infpirât de fe diftinguer par des mœurs contraires ; & fuppofé qu'il n'eût point d'ame pour fe refpecter, qu'il l'engageât du moins à refpecter les jugemens du public, l'affurant que tout homme qui les méprife eft méprifable ; car le public peut être corrompu, & fes jugemens ne le font jamais.

Il lui apprendroit que, quand on eft fûr de la pureté & de la grandeur de fes motifs, alors on ne peut confidérer fa propre vertu, & que c'eft le feul cas où l'on doive fe mettre au deffus du vulgaire.

Il feroit utile auffi qu'il lui infpirât le moins qu'il pourroit l'amour des louanges ; c'eft la vertu feule qu'il doit lui faire aimer, elle feule peut donner de la confiftance à fon ame. La louange quand elle eft trop forte, enyvre comme le vin, & n'eft capable que de perdre ; s'il fait bien, les louanges viendront comme elles pourront.

La politeffe, la décence étant des vertus

sociales, je voudrois qu'il l'y formât, comme nécessaires à son rang, lui recommandant particuliérement de ne dire que des choses honnêtes & agréables à tous ceux qui l'approcheront. En cultivant son esprit, il faudroit qu'il lui fît aimer les lettres, c'est un goût, digne du Prince, qui lui sera un jour nécessaire pour connoître le fort & le foible de son gouvernement, de son administration, de ses moyens, de ses forces politiques & physiques, de la nature des maux, des fautes, & des remedes à y appliquer ; d'ailleurs il pourroit aussi les lui faire envisager comme une ressource contre les passions & l'ennui qui dévorent si souvent les Grands, & comme un délassement après les devoirs & le travail auxquels son état l'assujettira.

Il seroit à propos qu'il lui fît lire l'histoire, ce tableau des passions & de la mechanceté des hommes, de leurs vices comme de leurs vertus ; qu'il lui fît remarquer, sur-tout, le mépris, l'indignation dont la postérité a couvert les mauvais Princes ; ces Monarques injustes & cruels qui ont

fait le malheur de leurs peuples; il y verroit
également cet amas de contradictions qui
forme le caractère de l'homme, ce mêlan-
ge de grandeur & de petitesse, de courage
& de foiblesse, de lumiere & d'ignorance,
de sagesse & de folie dont il est capable,
en lui faisant appercevoir d'un côté le vice
triomphant, mais intérieurement rongé
d'inquiétudes & de remords, avoir peut-
être quelques succès passagers, pour être
après à jamais plongé dans l'opprobre &
l'ignominie : il appercevroit d'un autre
côté la vertu souvent persécutée, quelquefois obscurcie, mais toujours contente
d'elle-même, & reprendre avec le temps
son ascendant sur les hommes. Je ne voudrois pourtant pas qu'en lui montrant la
fragilité de notre espece, il la lui peignît
trop en noir, mais qu'il le reconciliât
avec le gendre humain, en lui faisant lire
l'histoire des bons Princes, remarquer les
talens, les vertus des grands hommes qui
ont si bien mérité l'estime de leur patrie
& de leurs concitoyens ; car il ne faut pas
qu'il haïsse ni méprise les hommes, mais

A iv

qu'il ne foit pas leur dupe. En lui faifant connoître l'homme de fa nation & de fon fiecle, comme devant vivre avec lui & lui commander, il feroit à fouhaiter qu'il en prît les manieres hc nêtes, & non les mœurs dépravées; qu'il connût fes bonnes qualités, fes vices dominans, fes opinions, fes travers, fes ridicules; enfin qu'il évaluât tout au poids de la raifon.

Il faudroit auffi qu'il lui fît juger les hommes, non par leurs difcours, mais par leurs actions; qu'il fçût que le flatteur eft l'ennemi le plus vil & le plus dangereux; que les honnêtes-gens flattent peu, qu'ils n'accordent ordinairement leur amitié qu'après avoir mérité leur eftime, & qu'ils font les feuls fur qui il pourra compter.

Qu'il veillât affiduement fur fes mœurs, parce que devant être un jour livré à lui-même au milieu des paffions & des vices, entouré de gens fouvent fans mérite & fans vertu, il faut qu'il les connoiffe, ainfi que l'eftime & les avantages qui fuivent la bonne conduite.

(9)

Je ferois fort fâché qu'il lui laiſſât lire
de mauvais livres ; & ſi, malgré ſes ſoins,
il lui en tomboit entre les mains, il vaudroit beaucoup mieux qu'il les lût devant
lui qu'en ſecret ; parce qu'alors en atta-
quant l'ouvrage du côté du ſtyle, du raiſon-
nement & du goût, il lui prouveroit que
cette lecture eſt indigne d'un honnête-
homme & d'un homme de ſon rang.

Je ſerois au comble de ma joie s'il lui
inſpiroit, par-deſſus tout, des ſentimens
d'humanité, & s'il le conduiſoit, malgré
l'étiquette du rang, dans la chaumiere des
malheureux, dans les hôpitaux, pour y
conſidérer à loiſir les plaies, les fractures,
les maladies ſouvent occaſionnées par la
miſere, par les travaux périlleux & mal-
ſains, par la dureté des corvées, des impôts, par les calamités qui naiſſent des
vices de leur caractère ; & moi-même je
le conduirois ſur un champ de bataille
pour y recueillir le ſang, entendre les
imprécations, voir les convulſions & l'ago-
nie des ſoldats mourans : mon fils verſeroit
des larmes, j'en ſuis ſûr ; qu'elles ſeroient

délicieuses pour moi, & que ces larmes vaudroient de bien aux peuples qu'ils gouverneroit un jour, sans compter combien ces sortes de spectacles épargneroient de crimes & de maux à l'humanité, s'ils étoient ménagés par son éducation.

Ces détails seroient infinis ; mais je me suis borné simplement, M. le Duc, à des vues générales, qui peuvent vous faire connoître, à-peu-près, celui que je desire pour remplir cette importante place. Ce sera un trésor pour moi ; aidez-moi donc dans mes recherches, & comptez sur toute la reconnoissance de votre Souverain.

Je desirerois pouvoir élever un jeune Prince, & j'ose garantir sur ma tête que si la nature l'avoit fait naître sans dépravation de cœur & de caractere, d'en faire un Roi qui aimeroit les hommes & feroit leur bonheur.

LETTRE LXXI.

De l'Entêtement.

VOTRE frere, M. le Marquis, eſt
un entêté de la premiere eſpece ; s'il
ſçavoit que l'entêtement naît de l'orgueil,
c'eſt-à-dire de la trop bonne opinion
qu'on a de ſoi-même, ou d'un défaut de
capacité dans l'eſprit, peut-être ſe corrige-
roit-il. Un entêté eſt toujours prévenu en
ſa faveur, & en garde contre les opinions
des autres ; il ne cherche qu'à éluder la
force des meilleurs raiſons par des diſtinc-
tions frivoles & de mauvais ſubterfuges.
Il croiroit ſe déshonorer s'il ſe rélâchoit
de ſes ſentimens ; il n'enviſage les oppoſi-
tions qu'il éprouve en les ſoutenant, que
comme les effets d'un mauvais vouloir
qu'on a contre lui.

L'entêtement dans un homme du monde
paſſe pour une groſſiéreté qui le fait mépri-
ſer dans un Souverain; il rend ſon gouvernement tyrannique, & devient la ſource

de mille injuſtices. Un dévot prend ſon
entêtement pour du zele ; il regarde ceu
qui ſont oppoſés à ſon ſentiment comme les
ennemis de la religion, il les hait & les
perſécute. Il ne faut pas confondre la fermeté avec l'entêtement ; l'homme ferme
ſoutient & exécute avec vigueur ce qu'il
croit vrai & conforme à ſon devoir, après
avoir peſé les raiſons pour & contre.
L'entêté, comme votre frere, n'examine
rien, ſon opinion fait ſa loi.

L'opiniâtreté ne differe de l'entêtement,
que du plus au moins. On peut réduire un
entêté en flattant ſon amour propre, jamais
un opiniâtre, il eſt inflexible & arrêté
dans ſes ſentimens.

Vous direz donc, Monſieur, à votre
frere qu'il réfléchiſſe ſur ceci, qu'il ſe
corrige ; car l'entêtement comme l'opiniâtreté ſont des vices du cœur ou de l'eſprit.

LETTRE LXXII.
De l'Ennui.

VOUS vous ennuyez, M. le Prince, me dites vous, & cela fans pouvoir défi-nir cette efpece de déplaifir ; il eſt vrai que ce n'eſt ni chagrin, ni triſteſſe, mais une privation de tout plaifir, cauſée par je ne fais quoi dans nos organes ou dans les objets du dehors, qui, au lieu d'occuper notre ame, produit un mal-aife ou dégoût auquel on ne peut s'accoutumer. L'ennui, je le crois, eſt le plus dangereux ennemi de notre être, & le tombeau des paſſions ; la douleur a quelque chofe de moins acca-blant, parce que dans les intervalles elle ramene le bonheur & l'efpérance d'un meilleur état ; en un mot, l'ennui eſt un mal fi fingulier, fi cruel, que l'homme entreprend fouvent les travaux les plus pénibles, afin de s'épargner la peine d'en être tourmenté.

Vous voyez par vous - même, M. le Prince, que la puiſſance, la grandeur, la faveur, le crédit, le rang, les richeffes, ni toutes ces chofes jointes enfemble, ne peuvent nous en préferver. Sans m'attacher à vous le prouver par des réfléxions philofophiques, qui me meneroient trop loin, il me fuffira de parler d'après les faits, & de tranfcrire ici des anecdotes du fiecle de Louis XIV ; c'eft une lettre de Madame de Maintenon à Madame de Maifonfort.

» Que ne puis-je, dit-elle, vous peindre l'ennui qui dévore les grands, & la peine qu'ils ont à remplir leurs journées ! Ne voyez-vous pas que je meurs de trifteffe dans une fortune qu'on auroit eu peine à imaginer ? Je fuis venue à la plus haute faveur, & je vous protefte, ma chere fille, que cet état me laiffe un vuide affreux ». Elle dit encore un jour au Comte Daubigné fon frere, je ne peux plus tenir à la vie que je mene, je voudrois être morte ; on fait quelle réponfe il lui fit. Je conclus que fi quelque chofe étoit capable de détromper les hommes du bonheur prétendu des grandeurs humaines, & les convaincre de leur vain appareil contre

l'ennui, ce feroit ces trois mots de Mad.
de Maintenon : *je voudrois être morte.*

Je vais donc, M. le Prince, vous donner
un remede contre l'ennui, dont vous vous
trouverez bien. Allez tous les jours déter-
rer les malheureux dans leurs chaumieres,
dans leurs greniers ; foulagez-les, confo-
lez-les ; allez dans les prifons aider aux
infortunés, qui, fur le point d'être la vic-
time de la colere des Loix, n'ont que
le défefpoir & l'horreur d'une mort méri-
tée, en vue ; allez, dis-je, les aider à fup-
porter le poids de leurs chaînes, & faites
leur voir que, s'il y a des hommes qui
violent les droits de l'humanité, il y en a
qui en font le bonheur ; rendez à fa famille
on à la fociété un malheureux que fes dettes
enchaînent, & qui, trompé par les caprices de la fortune, joint au malheur d'avoir
perdu fa liberté, le défefpoir de ne pouvoir s'acquitter ; vifitez ces lieux où font
raffemblées toutes les infirmités, toutes
les calamités dégoutantes de la nature,
n'en ayez point horreur, rien n'eft dégou-
tant pour une ame bienfaifante ; voyez

s'ils font bien foignés , fi on les traite
avec humanité ; fi on joignoit aux maux
qui les accablent la dureté & les mauvais
traitemens , interpofez votre autorité,
votre rang , votre crédit vis-à-vis de moi,
& je vous affure que je volerai à votre
fecours, & partagerai votre jufte indignation. Rentrez après chez vous, vous y
aurez un contentement, une fatisfaction
intérieure, un plaifir délicieux que je ne
puis vous définir, mais que rien ne pourra
vous ôter ... Vous vous ferez auffi un
genre de vie, après toutes ces courfes con-
facrées à l'humanité, dont le travail fera
à la fois l'aliment & le foutien, pour lors
vous ne connoîtrez plus l'ennui.

Quand même le travail n'auroit point
d'autre avantage, quand il ne feroit pas
le fonds qui manque le moins, comme dit
Lafontaine, il porteroit avec lui fa récompenfe dans tous les états de la vie , autant
chez le plus puiffant Monarque que chez
le plus pauvre laboureur.

LETTRE

LETTRE LXXIII.

Des Enfans exposés.

IL n'y a pas d'années, M. le Duc, qu'on ne voye dans toutes les villes, & même dans les plus petits endroits, de ces malheureux enfans qu'on ne met au jour qu'avec dépit, & qui deviennent le rebut de la société. La plupart des grandes villes ont des hôpitaux qui en ont soin, & qui leur apprennent des métiers; mais les petites villes n'en ont point, ainsi que les campagnes; & les Seigneurs de l'endroit, à la charge de qui ils sont, les font nourrir par charité jusqu'à l'âge de 5 ans, au bout duquel temps ces malheureuses victimes de l'incontinence, abandonnées & rebutées de la société, vont chercher leur pain, pouvant à peine le demander; il se forme ensuite de cet amas d'enfans dispersés à l'avanture une vile populace sans éducation, sans biens, sans profession; l'extrême liberté où ils vivent, les laisse nécessaire-

ment fans principes, fans regles, fans rete-
nue ; fouvent la rage & le défefpoir les
faififfent, & pour fe venger de l'abandon
où ils fe voient, ils fe portent ordinairement aux excès les plus funeftes, ou s'ils
ne font point de mal, ce font toujours des
citoyens infortunés qui périffent fans pouvoir s'allier, & qui, rejettés de la fociété,
vivent dans la plus cruelle mifere ; pénétré
de compaffion pour ces malheureux, je
voudrois adoucir leur fort. Ne feroit-il
pas poffible, M. le Duc, ayant toujours
befoin de troupes, & principalement de
matelots, de faire élever ces enfans, en
les deftinant de bonne heure, comme enfans
de fervice. Ceux que l'on deftineroit à
la marine feroient, dès l'âge de 7 à 8 ans
placés dans les ports de mer, on les occu-
peroit dans ces ports, & pour ne pas leur
laiffer un temps inutile, celui où ils ne
feroient pas occupés fe pafferoit chez un
artifan, qui leur apprendroit un métier
pour leur aider à gagner leur vie, fi quelque accident ou quelque infirmité, qui ne
font que trop ordinaires à cet état, les met-

(19)

toit un jour hors de service ; dès leur
naiffance ils auroient une marque diftinc-
tive comme enfans de l'état, & ils ne pourroient quitter l'endroit où ils feroient placés dans leur jeuneffe, fans la permiffion
des commandans ou des officiers municipaux, ainfi de ceux que l'on deftineroit à
fervir fur terre ; au bout de vingt ans,
j'aurois une pépiniere d'excellens matelots,
formés dès leur enfance à ce rude métier,
& qui, en ne dépeuplant pas les campagnes,
ne ferait aucun tort à l'agriculture. Voyez,
M. le Duc, fi mon projet peut avoir lieu ?
Réfléchiffez-y, & tâchez d'en pénétrer tous
les détails, nous en communiquerons
enfemble au premier travail ; car tout ce
qui intéreffe l'humanité eft cher à mon
cœur.

Le mémoire relatif à ce fujet eft tout prêt,
& amplement détaillé, fi le gouvernement
le defire, on le lui fournira ; il en coûteroit
d'ailleurs fort peu à l'état, & fi même il
ne pouvoit foufcrire à cette dépenfe, le
Souverain en donnant l'exemple & paroif-
fant le defirer, on établiroit une foufcrip-

tion en faveur de ces malheureux enfans
& de l'inftitution propofée.

O hommes ! vous faites des foufcrip-
tions pour des ftatues, pour des tableaux,
pour de la mufique, pour des affemblées,
& vous vous refuferiez à celle qui intéref-
feroit tant l'humanité. Si vous voyez ces
innocentes créatures dans leur maillot,
élever leurs petits bras vers vous, & vous
demandant un pere que la fociété leur
refufe, & que le crime leur ôte, qui de
vous ne feroit pas fenfible ? . . .

LETTRE LXXIV.
De l'Avarice.

VOUS vous plaignez, M. le Vicomte
de ce que l'état n'a pas affez récompenfé
vos fervices, & vous ofez à ce fujet me
taxer d'avarice ; ce feroit un vice odieux
dans un particulier, & abominable dans
un Souverain. Mais quand vous faurez
que, comme difpenfateur de l'argent de
mes fujets, je ne puis en être prodigue,

(21)

& que les services les plus importans ne
doivent être récompensés qu'avec une
sobre générosité, vous ne serez plus sur-
pris des bornes que je mets aux récompenses. Comme pere de mes peuples je ne
puis me permettre ces libéralités indiscret-
tes, qui égalent la fortune d'un particulier à
celle des maisons illustres; & je ne ferai
jamais passer tout-à-coup, entre les mains
d'un habile négociateur comme vous, ou
d'un ministre, des trésors levés toujours
avec peine dans mes Provinces, & toujours
nécessaires pour les besoins de l'état & le
soulagement des pauvres. Ainsi consolez-
vous, & rappellez-vous que chez les
Romains, la récompense d'un grand homme étoit une simple couronne de laurier
ou de gramen. Vous jouissez de l'estime
de votre Souverain & de celle de la nation,
vous devez être satisfait.

B iij

LETTRE LXXV.
Des revenus de l'Etat.

POUR bien fixer les revenus de l'Etat, M. le Surintendant, il faudroit avoir égard à ses nécessités & à celles des citoyens. Je ne veux point qu'on prenne à mon peuple sur ses besoins réels pour des besoins de l'Etat imaginaires ou inutiles. Les besoins imaginaires, sont ce que demandent les passions & les foiblesses de ceux qui gouvernent ; les besoins inutiles sont ceux d'un projet extraordinaire, & qui souvent ne sert à rien, du moins à peu de chose ; l'envie malade d'une vaine gloire, & une certaine impuissance d'esprit contre les fantaisies.

Souvent ceux qui, avec un esprit inquiet, sont sous le Prince à la tête des affaires, s'imaginent que les besoins de l'Etat sont ceux de leurs petites ames. La prudence, la sagesse & les besoins réels, doivent seuls régler cette portion qu'on ôte aux sujets.

Ce n'eſt point à ce que mon peuple peut donner que je dois méſurer les revenus publics, mais à ce qu'il doit donner ; & ſi je le meſure à ce qu'il peut donner, ce ſera du moins à ce qu'il pourra toujours donner, ſans quoi le découragement, le déſeſpoir, la pareſſe ſeront néceſſairement les ſuites d'un impôt dur & exceſſif. Il faudroit également que l'impoſition générale fût juſte, & que la même juſtice ſe trouvât dans les impoſitions particulieres ou répartitions, & dans la levée qui s'en fait ; que les exactions qui ſe commettent dans la perception des deniers publics, ne fuſſent pas auſſi onéreuſes au pauvre peuple que les impoſitions mêmes. Ce ſeroit un abus ſans doute d'écouter également tous ceux qui voudroient ſe ſouſtraire aux charges de l'Etat ; mais ç'en ſeroit un autre de n'en écouter aucun. L'intention du pere commun de ſes ſujets n'eſt point & ne ſauroit être que le dernier d'entr'eux ſoit opprimé. Les charges de l'Etat, Monſieur, doivent être portées par ceux qui jouiſſent des biens de l'Etat, & cela ſans exception ;

vexer un misérable, lui enlever ses pauvres
meubles, & souvent l'emprisonner encore,
parce qu'une longue & cruelle maladie,
une troupe d'enfans qu'il est obligé de
nourrir & qui ne lui gagnent rien, le rédui-
sent à ne pouvoir payer son imposition,
c'est une cruauté que personne n'est autorisé à exercer au nom d'un Souverain ; il
veut au contraire que les Intendans l'empê-
chent ; mais MM. les Receveurs des tailles
sont inexorables, & on devine assez pourquoi. Le malheureux cependant ignore s'il
existe quelqu'un qui puisse ou qui doive
entrer dans ses peines ; il est opprimé, &
l'intrigant, ou celui qui a des amis, est
déchargé. Ayez la bonté, Monsieur, de
vous éclaircir de votre côté de tous ces
faits, je le ferai également du mien, pour
apporter un prompt remede au mal.

LETTRE LXXVI.

Des Impôts.

ON vient de me remettre dans cet inſtant, M. le Surintendant, un mémoire ſur l'impôt ; liſez-le avec attention, & après y avoir mûrement réfléchi, vous m'en direz votre avis. On peut définir l'impôt, le ſacrifice d'une partie de la propriété pour la conſervation de l'autre ; il s'en ſuit delà que le peuple eſclave & le peuple ſauvage ne peuvent avoir d'impôts, vu que les uns ne peuvent avoir de propriété, & que les autres n'en ont point encore. Une nation dont la fortune eſt aſſez fixe & aſſez conſidérable pour exiger des dépenſes de gouvernement, qui, avec des richeſſes capables de tenter la cupidité de ſes voiſins, a des poſſeſſions, un commerce alors pour garantir ſes frontieres ou ſes Provinces, pour protéger ſa navigation & maintenir ſa police , il lui faut des forces & un revenu. Il eſt bien juſte & indiſpenſabl_e

que les citoyens occupés de quelque maniere que ce soit au bien public, soient
entretenus par tous les autres ordres de la
confédération.

Les impôts dans plusieurs de nos gouvernemens d'Europe, sont établis sur les personnes, les terres ou les marchandises,
sur ces deux choses ou sur les trois ensem-
ble, & sur les consommations.

Celui établi sur les têtes, indépendamment de l'humiliation, ne peut-il pas être
arbitraire ? Peut-on l'asseoir sur des décla-
rations ? Cela ne seroit pas possible, vu
qu'il faudroit entre le Monarque & les
sujets, une conscience morale qui les liât
l'un à l'autre par un mutuel amour du
bien général, ou du moins une conscience
publique qui les rassurât l'un envers l'autre
par une communication sincere & réci-
proque de leurs lumieres & de leur sentimens : or comment l'établir ?

Percera-t-on dans le sanctuaire des
familles, dans le cabinet du citoyen pour
surprendre & mettre au jour ce qu'il ne
veut pas révéler, ce qu'il lui importe même

souvent de ne pas révéler ? Ce seroit une inquisition & une violence révoltante. Supposons même qu'on peut exactement connoître toutes les ressources de chaque particulier ; ne varient-elles pas d'une année à l'autre avec les produits incertains & précaires de l'industrie ; ne diminuent-elles pas avec la multiplication des enfans, avec le dépérissement des forces, par les maladies, par l'âge & par le travail ? Les facultés de l'humanité utiles & laborieuses ne changent-elles pas avec les vicissitudes que le temps apporte dans tout ce qui dépend de la nature & de la fortune ? La taxe personnelle ne peut donc avoir beaucoup d'utilité, la capitation affligeant l'homme sans profit pour l'état.

Après l'impôt de la capitation on a cru que celui sur les marchandises que les états se vendent les uns aux autres, seroit encore plus considérable. On n'a pas compris que si l'on met des droits sur ce que l'on offre à l'étranger, il achete à moins cher, & il ne donnera que la valeur qui lui sera demandée par les autres nations. Fût-on seul pro-

priétaire de la production affujettie aux
taxes, on ne parviendroit point à faire la
loi, parce qu'alors on en demanderoit en
moindre quantité, & que fa furabondance
vous forceroit malgré vous à en diminuer
le prix pour en trouver la confommation.
L'impôt également fur les marchandifes
que vous recevez de vos voifins n'a pas
une bafe plus raifonnable ; le prix étant
réglé par la concurrence des autres peuples,
vous feul en payerez les droits. Peut-être
ce renchériffement des productions étrangeres en fera-t-il diminuer l'ufage ? Mais
fi l'on vous vend moins on achete à moins
de vous, le commerce ne donne qu'en
proportion de ce qu'il reçoit, n'étant au
fond qu'une échange de valeur pour valeur;
vous ne pouvez vous oppofer au cours de
ces échanges, fans faire tomber le prix de
vos productions , en rétréciffant leur
débit.

Mettez des droits fur les marchandifes
étrangeres ou fur les vôtres , l'induftrie
de vos fujets en fouffrira néceffairement;
il y aura moins de moyens pour la payer

ou moins de matieres premieres pour l'occuper. Qu'en arrivera-t-il ? La maffe des productions annuelles diminuant, la fomme des travaux diminuera auffi ; alors toutes les loix que vous pouvez établir contre la mendicité feront impuiffantes, parce qu'il faut bien que l'homme vive de ce qu'on lui donne, quand il ne peut pas vivre de ce qu'il gagne. Etablirez - vous également l'impôt fur les confommations, qui fera regardé comme un tribut volontaire, puifque fa quantité dépend de fes dépenfes que tout citoyen eft libre d'augmenter ou de diminuer au gré de fes facultés & de fes goûts.

Mais fi la taxe porte fur les denrées de premier befoin, en preffurant la fubfiftance de vos fujets indigens, vous leur ôterez les forces avec les alimens, d'un pauvre vous en ferez un mendiant, d'un travailleur un oififf, d'un malheureux un fcélerat que la mifere ou la faim conduiront à l'échafaud.

Si la taxe porte fur les denrées moins néceffaires, que de bras perdus pour l'agriculture & pour les arts font employés,

non pas à garder les frontieres de l'Empire,
mais à l'hériffer d'une infinité de petites
barrieres, à embarraffer les portes de ville,
à infecter les chemins & les paffages du
commerce, à fureter dans les caves, les
greniers, les magafins. Que de prifons,
que de galeres, de gibets pour une foule
de malheureux que la mifere pouffe à la
fraude, à la contrebande.

Quelle feroit donc la forme d'impofi-
tion la plus propre à concilier les intérêts
publics avec les droits des citoyens? C'eft
la taxe fur la terre. Un impôt étant une
dépenfe qui fe renouvelle tous les ans pour
celui qui en eft chargé, un impôt ne peut
donc être affis que fur un revenu annuel;
car il n'y a qu'un revenu annuel qui puiffe
acquitter une dépenfe annuelle; or il n'y
a que les terres qui puiffent le produire,
elles feules reftituent chaque année les
avances qui leur font faites, & de plus
un bénéfice dont il foit poffible de difpofer.
On commence depuis long-temps à foup-
çonner cette importante vérité : de bons
efprits la porteront un jour à la démonf-

ration, & le premier gouvernement qui
fera la base de son administration, s'éle-
vera nécessairement, dit un fameux écrivain philosophe, à un degré de prospérité
inconnue à toutes les nations, à tous
les siecles.

Aucun gouvernement en Europe ne
pourroit dans ce moment opérer ce chan-
gement ; par - tout les impositions sont si
fortes, les dépenses si multipliées, les
besoins si pressans, que par-tout le fisc
est obéré, & qu'une révolution subite dans
la perception des revenus publics altére-
roit infailliblement la confiance & la féli-
cité des citoyens ; mais une politique éclairée & prévoyante peut tendre à pas lents
& mesurés vers un but salutaire.

Pour que rien ne puisse diminuer les
avantages de cette heureuse innovation,
il faudroit que toutes les terres indistincte-
ment fussent assujetties à l'impôt. Le bien
public est un trésor commun dans lequel
chaque citoyen doit déposer ses tributs,
ses services, ses talens, qu'aucune distinc-
tion, qu'aucun titre, qu'aucune place.

qu'aucuns fervices, qu'aucunes dignités ne
pût fouftraire perfonne aux tributs qu'exige
le fervice public, avec d'autant plus de
raifon que chaque citoyen doit dévouer
fa fortune & fa vie au fervice de fa patrie.

Il ne fuffiroit pas cependant que l'impôt
fût réparti avec juftice; il faudroit encore
qu'il fût proportionné aux befoins du gouvernement, & ces befoins ne font pas toujours les mêmes. La guerre exigera par-
tout & dans tous les fiecles des dépenfes
plus confidérables que la paix, ce qui
occafionne avec raifon des impofitions
extraordinaires; aucun état même, fans
courir vers fa chûte, ne peut fe les inter-
dire.

Dans la taxe des terres, celle qui paroî-
troit la plus naturelle, en fait de rôles,
feroit celle où l'on mettroit les diverfes
claffes de fonds; mais il feroit très difficile
de connoître ces différences par la difficulté
de trouver des gens qui ne fuffent pas intéreffés à les méconnoître. — Pour lors on
devroit emprunter des Chinois la maniere
de lever les tributs; elle eft jufte, douce
&

& peu difpendieufe ; chaque année au temps de la moiffon, les champs font méfurés & taxés en raifon de leur produit réel & vifible. Le gouvernement prend affez de confiance en eux pour ne pas les vexer & les molefter par toutes les recherches & les vifites importunes de la finance Européenne. L'unique peine qu'on impofe aux contribuables , trop lents à s'acquitter des charges publiques de l'impôt, eft qu'on envoye chez eux des vieillards, des infirmes & des pauvres, pour y vivre à leurs dépens jufqu'à ce qu'ils ayent payés leur dette à l'état. C'eft la commifération, c'eft l'humanité qu'on va folliciter dans le cœur des citoyens, par le fpectacle de la mifere , par les cris & les pleurs de la faim, & non pas révolter fon ame, & foulever fon indignation par la violence des faifies & par les vexations qu'elles occafionnent.

Des Mandarins perçoivent , en nature , la dîme des terres. Les officiers municipaux verfent le produit de cette levée, de toutes les taxes dans le tréfor de l'état , par les mains du receveur de la Province. La

C

deſtination de ce revenu prévient les infi-
délités dans la perception ; on ſçait qu'une
partie de cette redevance eſt employée à la
nourriture du magiſtrat & du ſoldat ; le
prix de la portion des récoltes qu'on a
vendues ne ſort du fiſc que pour les beſoins
publics ; enfin il en reſte dans les magaſins
pour les temps de diſette, où l'on rend
au peuple ce qu'il avoit comme prêté dans
les temps d'abondance.

On devroit établir en Europe la maxime des grands Empires de l'Orient, de
remettre les impôts aux Provinces qui ont
ſouffert. Il y a bien des endroits où elle eſt
établie ; mais elle accable plus que ſi elle
n'y étoit pas, parce que le Souverain ne
levant ni plus ni moins, tout l'Etat devient
ſolidaire. Pour ſoulager une paroiſſe qui
ne peut payer, on met la charge de celle-
ci ſur un autre, qui par conſéquent paye
le double. On ne rétablit point la premiere,
& on détruit la ſeconde ; le peuple eſt
déſeſpéré entre la néceſſité de payer, de
peur des exactions, & le danger de payer
crainte des ſurcharges.

LETTRE LXXVII.

Du Mariage.

C'EST, mon cher Comte, la premiere, la plus simple de toutes les socié-
tés, & celle qui est la pépiniere du genre
humain ; une femme, des enfans font autant d'otages qu'un homme donne à l'état,
à ses concitoyens, autant de nouvelles réla-
tions & de tendres liens qui commencent
à germer dans son ame.

Par-tout où il se trouve une place où
deux personnes peuvent vivre aisément, &
où la douceur d'un gouvernement, par la
modération des impôts, n'y met point
d'obstacle, il se fait un mariage, dit l'Auteur de l'Esprit des Loix.

Ce qui contribue le plus, mon ami,
dans un état à dégoûter les citoyens du
mariage, c'est la corruption des mœurs ;
il n'a pour lors que des peines pour ceux
qui n'ont plus de sens pour les plaisirs de
l'innocence, le trop grand luxe en est

encore une raiſon ; car les hommes alors ſont peu curieux de ſe marier par la crainte de ne pouvoir pas entretenir une famille. Tous les Empires ont fait des loix pour porter les ſujets au mariage ; on ſçait celles que fit Auguſte ; elles trouverent mille obſtacles, & trente-quatre ans après qu'il les eut données, les Chevaliers Romains lui en demanderent la révocation. Il publia à ce ſujet les loix nommées Pappia Poppea du nom des deux Conſuls de cette année. La grandeur du mal paroiſſoit dans leur élection même.

Conſtantin & Juſtinien abrégerent les loix Papiennes, en donnant la prééminence au célibat, & la raiſon de ſpiritualité qu'ils en apporterent, impoſa bientôt la néceſſité du célibat même, qui a été adopté dans les états catholiques, & qui peut nuire beaucoup quand il eſt porté à un certain point.

On a crié ſouvent contre les loix qui permettent en Angleterre aux citoyens de ſe marier à leur fantaiſie, ſans le conſentement des pere & mere ; cet abus fit naître même l'acte du Parlement de 1753, où l'on a cru devoir joindre des formes, des termes & des gênes à la trop grande facilité des mariages; mais je pense que des contraintes pareilles ne peuvent que nuire à la population. Toute formalité restrictive ou gênante, est destructive de l'objet auquel elle est imposée.

Quels inconvéniens si fâcheux a donc produit dans la grande Bretagne, jusqu'à présent, cette liberté des mariages, qu'on ne puisse supporter des disproportions de naissance & de fortune dans l'union des personnes ? Mais qu'importe les mésalliances dans une nation où l'égalité est en récommandation, où la constitution veut qu'on donne la noblesse à ceux qui ont mérité les grands honneurs ? L'assemblage des fortunes disproportionnées n'est-il pas de la politique la meilleure & la plus avantageuse à l'état ? C'est cependant ce vil intérêt peut-être, qui, plus que l'honnêteté publique, plus que les droits des peres sur leurs enfans, a fait tant crier contre cette liberté des mariages. Enfin

fi l'on en compte quelques-uns que l'avis
des parens eut mieux affortis que l'inclina-
tion des enfans, ce qui eft prefque toujours
indifférent à l'état, ne fera ce-pas un grand
poids dans un côté de la balance, que le
nombre des mariages que le luxe, l'orgueil
des parens, le défir de jouir, le chagrin
de la privation, peut fupprimer ou retarder en faifant perdre à l'état les années
précieufes & trop bornées de la *fécondité*
des femmes ?

Il réfulte donc de tout ceci, mon ami,
que le mariage étant établi par la multiplication du genre humain, le bonheur
& la force d'un état, les Souverains ne
fauroient trop l'encourager, & y porter
leurs fujets. Le plus grand malheur qui
puiffe leur arriver, c'eft que parmi les
hommes qu'ils gouvernent, il y aît des
peres de famille qui craignent de faire
des enfans.

Les vexations, les injuftices, la dureté
des impôts, les paffions, les caprices de
ceux qui gouvernent, obligent quelquefois les peuples de maudir leur exiftence,

d'abandonner le travail , & leur ôte le courage de donner le jour à des enfans qui feroient auffi miférables que leur pere.

Mon intention, mon cher Comte, eft d'accorder quelques diftinctions, quelques recompenfes à ceux qui auront une nombreufe famille; je les placerai préférablement à d'autres, à égal mérite ; à ceux qui ne feroient pas dans le cas d'occuper des places, je leur donnerai des foulagemens à propos.

J'encouragerai les mariages dans les campagnes , en exemptant d'impôts de toute efpece pendant trois ans, ceux qui s'établiront à l'âge de vingt ans; & tout pere de famille qui aura dix enfans, en fera exempt pour toute fa vie, parce qu'il donne plus à l'état par le travail de fes enfans, qu'il ne peut donner en payant les impôts, & ces réglemens feront à jamais fans atteinte.

Un grand Prince par fon édit de 1666, avoit accordé deux mille francs de penfion, qui en font près de quatre aujourd'hui, à tout gentilhomme qui auroit eu douze, enfans, & mille à qui en auroit dix. La moitié de cette gratification étoit affurée, à tous les habitans des villes exemptes de tailles ; mais malgré toutes ces ordonnances admirables, il n'eft pas queftion de récompenfer des prodiges. Pour donner un certain efprit général qui porte à la propagation de l'efpece, il faudroit établir comme les Romains, des récompenfes générales, ou des peines générales.

Je ferai répandre tous les ans dans les Provinces, une fomme pour rétablir des malheureux ; je recommanderai particuliérement aux Gouverneurs, aux Intendans d'y avoir l'œil ; j'engagerai auffi les Seigneurs, les Grands de mon Royaume, à me feconder, en donnant tous les ans quelque chofe à cet effet : vous-même, mon ami, vous ferez taxé à deux mille francs. Croyez-moi, deux ou trois mariages que cette médiocre fomme fera, des enfans qui en feront la fuite, & qui croiffant à l'ombre de votre protection, vous accableront de hénédictions, ainfi

que leurs parens, vaudront bien des vases,
les statues, des marbres, des tableaux
que vous n'emporterez pas en mourant,
mais les regrets, les hommages, la reconnoissance de ces êtres, qui, vous devant
leur existence, vous feront vivre dans la
postérité.

LETTRE LXXVIII.

De la Noblesse.

JE considere la noblesse, M. le Maréchal, en deux manieres, ou comme faisant partie d'un état, ou comme faisant
une condition de particuliers.

Comme partie d'un état, toute monarchie où il n'y a point de noblesse, est une
pure tyrannie; la noblesse entre, en quelque façon, dans l'essence de la monarchie,
dont la maxime fondamentale est, point
de noblesse, point de Monarque ; mais on
a un Despote comme en Turquie. La
noblesse tempere la Souveraineté, & par

fa propre fplendeur accoutume. les yeux du public à fixer & à foutenir l'éclat de Royauté, fans en être effrayé. Une nobleffe grande & puiffante augmente la fplendeur du Souverain, quoiqu'elle diminue fon pouvoir, quand elle eft trop puiffante. Il eft bon pour le Prince & pour la Juftice, que la nobleffe n'ait pas trop de puiffance, & qu'elle fe conferve cependant une grandeur eftimable & propre à réprimer l'infolence populaire, & l'empêcher d'attaquer la Majefté du trône. Dans un état monarchique, le pouvoir intermédiaire fubordonné, le plus naturel eft celui de la nobleffe; aboliffez fes prérogatives, vous avez bientôt un état populaire, ou bien un état defpotique.

L'honneur, M. le Marechal, gouverne la nobleffe, en lui prefcrivant l'obéiffance aux volontés du Souverain; mais cet honneur lui dicte en même temps, que le Prince ne doit jamais lui commander une action déshonnorante. Il n'y a rien auffi que l'honneur prefcrive plus à la nobleffe, que de fervir le Souverain à la guerre;

c'eſt la profeſſion diſtinguée qui convient aux nobles, parce que ſes haſards, ſes ſuccès & ſes malheurs conduiſent à la grandeur.

Il faut auſſi que dans une monarchie, les loix travaillent à ſoutenir la nobleſſe, & à la rendre héréditaire, non pas pour être le terme entre le pouvoir du Souverain & la foibleſſe du peuple, mais pour être le lien de tous les deux. Les prérogatives accordées à la nobleſſe, lui ſeront particulieres, & ne paſſeront point au peuple, ſi l'on ne veut choquer le principe du gouvernement, & diminuer la force de la nobleſſe & celle du peuple. Cependant une nobleſſe trop nombreuſe rend d'ordinaire un état monarchique, moins puiſſant; car outre que c'eſt une ſurcharge de dépenſes, il arrive que la plupart des nobles deviennent pauvres avec le temps, ce qui fait une eſpece de diſproportion entre les honneurs & les biens. Un Souverain intelligent peut trouver dans la nobleſſe des gens prudens, & qui, en les employant, peuvent lui procurer beau-

coup d'avantages; le peuple fe plie naturel-
lement fous eux, comme des gens qui font
nés pour commander.

Ciceron avoit raifon de dire que la
noblefle n'eft autre chofe qu'une vertu
connue, parce qu'en effet le premier
établiffement de la noblefle tire fon ori-
gine de l'eftime & de la confidération
que l'on doit à la vertu.

C'eft principalement à la fageffe & à la
vaillance que l'on a d'abord attaché la nobleffe; mais, quoique le mérite & la vertu
foient toujours également eftimables, &
qu'il fut à defirer qu'il n'y eut point d'autres voies pour acquérir la noblefle, qu'elle
foit en effet accordée pour récompenfe à
ceux dont on veut honorer les belles qualités, il s'en faut de beaucoup que tous
ceux en qui ces meme dons brillent, foient
gratifiés de la même diftinction.

Je me rappelle cependant que l'immortel Pierre-le-Grand ordonna que, fans
aucun égard aux familles, on obferveroit
à fa Cour le rang, felon la charge & les
mérites de chaque particulier.

LETTRE LXXIX.

De la Magiftrature.

JE regarde, M^r. le Chancelier, la Ma-
giftrature fi refpectable, qu'il feroit à fouhaiter qu'elle ne fût plus vénale, & que
le Jurifconfulte pût parvenir, par fon mérite, à rendre la juftice qu'il a défendue
par fes veilles, par fa voix & par fes écrits.
Je voudrois également qu'il n'y eût pas
autant de Jurifprudences que de Provinces, & que fouvent dans le même Sénat,
la maxime d'une Chambre ne fût pas celle
de l'autre ; que les ufages eccléfiaftiques
fuffent foumis à l'autorité du Magiftrat,
& que l'on pût concilier les contradictions
du fifc & de la jurifprudence ; enfin, que
cette derniere fût réguliere & uniforme,
ainfi que les loix & les coutumes de mon
Empire. Je ne doute pas, M., que ce
travail n'effraye par fa longueur & fes détails ; mais ce feroit le plus beau monument de mon regne ; & quand je vois

Louis XI, ce mauvais Prince, vouloit réduire avant sa mort tous les poids & les mesures à une, & faire dresser une coutume générale pour toutes les Provinces de son Royaume, je me sens encouragé à ce bien général, quelques difficultés qu'il me présente.

LETTRE LXXX.

De la Procédure criminelle.

JE joins à cette Lettre-ci, M. le Chancelier, une déclaration des constitutions de l'Etat de Delawarre en Amérique, art. 14, & à laquelle je veux à l'avenir que les Juges se conforment, ainsi qu'au contenu de ma Lettre : la voici.

» Dans tout procès-criminel, tout homme a le droit d'être instruit de l'accu-
» sation qui lui est intentée, d'obtenir un
» conseil, d'être confronté à ses accusa-
» teurs & aux témoins, de faire examiner
» les témoignages sous serment, à sa dé-
» charge ; il a le droit à une procédure

» prompte, par un juré impartial, sans le
» consentement duquel il ne peut pas être
» déclaré coupable.

Pénétré de l'humanité & de l'équité que
cet article respire, je veux adoucir dans
mon Empire quelques usages trop rigoureux, sans pourtant donner des facilités
au crime, & réformer la procédure dans
les articles où les rédacteurs ont paru se
livrer à un zele trop sévere. Notre Ordonnance Criminelle, en plusieurs points,
semble n'avoir été dirigée qu'à la perte
des accusés : ne devroit-elle pas être aussi
favorable à l'innocent, que terrible au
coupable ? En Angleterre un simple em-
prisonnement fait mal à propos, est ré-
paré par le Ministre qui l'a ordonné ; mai
ici l'innocent qui a été plongé dans les
cachots, qui a été appliqué à la torture,
n'a nulle consolation à espérer, nul dom-
mage à répéter contre personne ; il reste
flétri pour jamais dans la société : l'innocent flétri, & pourquoi ? parcequ'il a été
disloqué : il ne devroit exciter que la pitié
& le respect.

Princes , Miniſtres , Grands , Juges
hommes qui que vous ſoyez, qui lire
ceci , pourrez-vous le faire ſans verſer de
larmes , & ſans ſecourir & protéger l'inno
cence, toutes les fois que vous le pourrez

Je ſais que la recherche des crimes exi
ge des rigueurs, c'eſt une guerre que la
juſtice humaine fait à la méchanceté
mais il y a de la généroſité & de la com
paſſion juſques dans la guerre, mais on
doit reſpecter l'humanité juſques dans les
ſcélérats qui l'ont violée. Le brave eſt
compatiſſant ; l'homme de loi ſeroit-il
barbare ? Chez les Romains , les témoins
étoient entendus publiquement en préſence
de l'accuſé, qui pouvoit leur répondre
les interroger lui-même, ou leur mettre
en tête un avocat. Cette procédure étoit
noble & franche , elle reſpiroit la magna-
nimité romaine.

Chez Nous tout ſe fait ſecrétement
un ſeul Juge, avec ſon greffier , entend
chaque témoin l'un après l'autre; cette
pratique établie par François premier
fut autoriſée par les commiſſaires qui rédi-
gerent

gerent l'ordonnance de Louis XIV en 1670 ; une méprise seule en fut la cause.

On s'étoit imaginé en lisant le code des *teſtibus*, que ces mots (*a*) *teſtes intrare judicii ſecretum*, ſignifioient que les témoins étoient interrogés en ſecret ; mais *ſecretum* ſignifie le cabinet du Juge, *ſecretum* pour dire parler ſecrétement, ne ſeroit pas latin. Les dépoſans ſouvent ſont des gens de la lie du peuple, qui quelquefois diſent ce qu'ils ſavent & ne ſavent pas.

Ces témoins ſont entendus une ſeconde fois, toujours en ſecret, ce qui s'appelle récolement ; & ſi après ce récolement ils ſe détractent dans leurs dépoſitions, ils ſont punis comme faux témoins : de ſorte que lorſqu'un homme d'un eſprit ſimple, & ne ſachant pas s'expliquer, mais ayant le cœur droit, & ſe ſouvenant qu'il en a dit trop ou trop peu, qu'il a mal entendu le Juge, ou que le Juge l'a mal entendu, révoque ce qu'il a dit par un principe de Juſtice, il eſt puni comme un ſcélérat, & il eſt forcé ſouvent de ſoutenir un faux témoignage,

------

(*a*) Voyez *Bornier*, titre VI, art. II des Informations.

par la feule crainte d'être traité en faux
témoin. Si celui qui a été accufé fuit, il
s'expofe à être condamné, foit que le crime ait été prouvé, foit qu'il ne l'ait pas
été. Quelques Jurifconfultes, à la vérité,
ont affuré que le contumax ne devoit pas
être condamné, fi le crime n'étoit pas
clairement prouvé; mais d'autres Jurifconfultes moins éclairés, & peut-être plus
fuivis ont eu une opinion contraire; ils
ont ofé dire que la fuite de l'accufé étoit
une preuve du crime, que le mépris qu'il
marquoit pour la Juftice, en refufant de
comparoître, méritoit le même châtiment que s'il étoit convaincu. Ainfi fuivant la fecte des Jurifconfultes que le Juge
aura embraffée, l'innocent fera abfous ou
condamné.

N'eft-ce pas un abus, Monfieur, que
l'on prenne fouvent pour loi, dans notre
Jurifprudence, les erreurs, quelquefois
cruelles, d'hommes qui ont donné leurs
fentimens pour des loix dans deux ordonnances uniformes que l'on fit fous le regne
de Louis XIV, dont la premiere a pour

objet la procédure civile ? Il eſt défendu aux Juges de condamner en matiere civile ſur défaut, quand la demande n'eſt pas prouvée; mais dans la ſeconde qui régle la procédure criminelle, il n'eſt point dit que faute de preuve l'accuſé ſera renvoyé, choſe étrange. La loi dit qu'un homme à qui on demande quelque argent, ne ſera condamné par défaut, qu'au cas que la dette ſoit avérée; mais s'il eſt queſtion de la vie, c'eſt une controverſe au Barreau, ſavoir ſi l'on doit condamner le contumax quand le crime n'eſt pas prouvé, & la loi ne réſout pas la difficulté.

Quand l'accuſé a pris la fuite, on commence par ſaiſir & annoter tous ſes biens, l'on n'attend pas ſeulement que la procédure ſoit achevée; on n'a pas encore aucune preuve, on ne ſait point encore s'il eſt innocent ou coupable; on lui fait toujours en attendant des frais immenſes, c'eſt une peine, dit-on, dont on punit ſa déſobéiſſance, au décret de priſe de corps : mais l'extrême rigueur de cette procédure ne le force-t-elle pas à cette déſobéiſ-ſance.

Si l'accufé ne fuit pas, on l'enferme d'abord dans un cachot affreux, on ne lui permet que rarement communication avec quelqu'un ; on le charge de fers comme s'il étoit déja coupable ; il ne voit qu'un moment les témoins qui ont dépofé contre lui, & qu'on a entendus fecrétement, & cela à la confrontation : avant d'entendre leurs dépofitions, il doit alléguer les moyens de reproches qu'il a contr'eux ; il faut les circonftances ; il faut qu'il nomme au même inftant toutes les perfonnes qui peuvent appuyer fes moyens ; il n'eft plus admis aux reproches après la lecture des dépofitions. S'il montre aux témoins, ou qu'ils ont exagéré des faits, ou qu'ils en ont omis d'autres, ou qu'ils fe font trompés fur des détails, la crainte du fupplice, comme je l'ai déja dit, les fera perfifter dans leur parjure ; & fi des circonftances que l'accufé aura énoncées dans fon interrogatoire, font rapportées différemment par les témoins, c'en fera affez à des Juges, ou ignorans ou prévenus, pour condamner un innocent.

Quel eft l'homme, Monfieur, que cette

(53)

procédure n'épouvante pas ? Quel est l'homme juste qui puisse être sûr de n'y pas succomber ? O Juges! voulez-vous que l'innocent accusé ne s'enfuye pas, facilitez-lui les moyens de se défendre ?

On diroit que la Loi oblige le Magistrat à se conduire envers l'accusé plutôt en ennemi qu'en Juge. Ce Juge étant le maître d'ordonner la confrontation du prévenu avec (*) le témoin, ou de l'omettre : une chose aussi nécessaire que la confrontation peut-elle être arbitraire ?

L'usage semble en ce point contraire à la Loi qui est équivoque ; il y a toujours confrontation, mais le Juge ne confronte pas toujours tous les témoins ; il omet souvent ceux qui ne lui semblent pas faire une charge considérable ; cependant tel témoin qui n'a rien dit contre l'accusé, dans l'information, peut déposer en sa faveur dans la confrontation. Le témoin peut avoir oublié des circonstances favorables au prévenu ; le Juge même peut n'avoir pas

____

(*) Et si besoin est confronté, dit l'Ordonnance de 1670, article I, titre XV.

senti d'abord la valeur de ces circonftances, & ne les avoir pas rédigées. Il eſt
donc très-important que l'on confronte
tous les témoins avec le prévenu, & qu'en
ce point la confrontation ne ſoit pas arbitraire.

S'il s'agit d'un crime, le prévenu ne peut
avoir d'Avocat ; alors il prend le parti de
la fuite, c'eſt ce que toutes les maximes du
Barreau lui conſeillent ; mais en fuyant il
peut être condamné, ſoit que le crime ait
été prouvé, ſoit qu'il ne l'ait pas été.
Ainſi donc un homme à qui on demande
quelque argent, n'eſt condamné par défaut,
qu'au cas que la dette ſoit avérée ; mais s'il
eſt queſtion de ſa vie, on peut le condamner
par défaut, quand le crime n'eſt pas conſ-
taté. Quoi donc la loi auroit fait plus de cas
de l'argent que de la vie ! O hommes !
ô Juges ! conſultez le pieux Antonin & le
bon Trajan, ils défendent que les abſens
(**) ſoient condamnés. Notre Loi, M.,
permet qu'un concuſſionnaire, un banque-

____

(**) Digeſte Loi I, titre *de abſentibus*, & I, V,
titre *de pœnis.*

routier frauduleux , ait recours au miniftere d'un Avocat, & très-fouvent un homme d'honneur fera privé de ce fecours.
S'il peut fe trouver une feule occafion où
un innocent feroit juftifié par le miniftere
d'un Avocat, n'eft-il pas clair que la loi
qui l'en prive eft injufte ? Un Préfident
éclairé & grand Magiftrat (*) difoit contre cette loi que l'Avocat ou Confeil qu'on
avoit accoutumé de donner aux accufés
n'eft point un privilege accordé par les
ordonnances, ni par les loix ; c'eft une
liberté acquife par le droit naturel, qui eft
plus ancien que toutes les loix humaines.
La nature enfeigne à tout homme qu'il
doit avoir recours aux lumieres des autres ,
quand il n'en a pas affez pour fe conduire,
& emprunter du fecours quand il ne fe
fent pas affez fort pour fe défendre. Nos
ordonnances ont retranché aux accufés
tant d'avantages , qu'il eft bien jufte de
leur conferver ce qui leur refte, & princi-

____

(*) Lamoignon.

palement l'Avocat qui en fait la partie la plus essentielle.

Comparons notre procédure avec celle des Romains & des autres nations, vous verrez, Monsieur, qu'il n'y en a point de si rigoureuse que celle que nous observons, particuliérement depuis l'Ordonnance de 1539; *procès de l'Ord. p. 263.* Cette procédure est bien plus rigoureuse depuis l'Ordonnance de 1670; elle eut été plus douce, si le plus grand nombre des Commissaires eut pensé comme ce Président.

Je veux donc, Monsieur, qu'on adoucisse ces usages trop rigoureux, & qu'on réforme la procédure dans les articles qui font le fruit d'un zele trop sévère. C'est le vœu de l'humanité & l'amour que j'ai pour mes sujets, qui l'exigent, & que toutes les preuves qui tendent à immoler un malheureux, soient, comme le vouloient les Loix Romaines, *luce meridiâna clariores.*

LETTRE LXXXI.

De la Question ou Torture.

TOUS les hommes, M. le Chance-
lier, étant exposés aux attentats de la violence ou de la perfidie, détestent les crimes
dont ils peuvent être les victimes ; tous se
réunissent à vouloir la punition des principaux coupables & de leurs complices,
& tous cependant, par une pitié que Dieu
a mise dans nos cœurs, s'élevent contre
les tortures qu'on fait souffrir aux accusés
dont on veut arracher l'aveu. La Loi ne
les a pas encore condamnés, & on leur
inflige, dans l'incertitude où l'on est de
leur crime, un supplice beaucoup plus
affreux que la mort qu'on leur donne,
quand on est certain qu'ils la méritent.
Quoi ! j'ignore encore si tu es coupable, &
il faudra que je te tourmente pour m'éclairer, & si tu es innocent, je n'expirerai
point les mille morts que je t'ai fait souffrir au lieu d'une seule que je te préparois ;

fi tu es également coupable & que ton arrêt foit prononcé, & t'inflige une mort ignominieufe & cruelle, il faut encore que j'ajoute aux tourmens que la Loi te prépare , & cela pour te faire révéler tes complices ; je friffonne à cette idée. Je ne vous dirai point que S. Auguftin s'éleve contre la queftion dans fa cité de Dieu. Je ne dirai point qu'à Rome on ne la faifoit fubir qu'aux efclaves, & que cependant Quintilien fe fouvenant que les efclaves font hommes, reprouve cette barbarie.

O Juges ! pourquoi tourmenter les malheureufes victimes de la colere des loix? Pourquoi ne pas refpecter l'humanité jufques dans ceux qui l'ont violée ? A quoi fervent ces fupplices anticipés? Ne vont-ils pas mourir ? Le fang qu'ils vont répandre n'eft-il pas une fatisfaction fuffifante pour le mal qu'ils ont fait à leurs côncitoyens? Ne feriez-vous pas fenfible aux cris de ces infortunés ? La nature, l'humanité, la religion le prefcrivent. Si cette cruauté pouvoit être néceffaire , réfervez-là pour des fcélérats qui auront attenté fur le pere de la patrie, ou à la vie d'un pere de famille ; mais qu'une perfonne qui aura commis un crime qui ne laiſſe aucune trace après lui, fubiſſe la même torture qu'un parricide, n'eſt-ce pas une barbarie inutile ?

Preſque toutes les nations de l'Europe l'ont abolie comme une cruauté horrible, & qui n'étant pas dans un cas forcé comme la Loi, qui, fur la dépofition de deux témoins punit les crimes, & les croit comme s'ils parloient par la bouche de la vérité, devient peu néceſſaire.

Je l'abolis donc à jamais, & vous en ferez inceſſamment paroître l'édit.

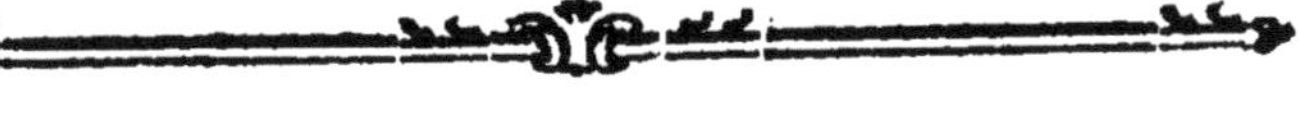

LETTRE LXXXII.

De la proportion des Peines.

IL faut néceſſairement, Monſieur, que les peines aient de l'harmonie entr'elles, parce qu'il eſt eſſentiel que l'on évite plutôt de commettre un grand crime qu'un moindre, ce qui attaque plus la société, que ce qui la choque moins. Le Législateur qui ne proportionneroit pas la punition au mal réel que l'on feroit à la société, feroit injuste. Pourquoi infliger la même peine à celui qui vole sur un grand chemin & à celui qui vole & assassine ? A la Chine les voleurs cruels sont coupés en morceaux, les autres non ; cette différence fait que l'on y vole, mais que l'on y assassine rarement. En Moscovie & dans d'autres Etats, où la peine des voleurs & celle des assassins, est la même, on y assassine toujours, par la raison que les morts ne racontent rien.

Si vous ne voulez pas différencier la peine, faites-le au moins dans l'espérance de la grace. En Angleterre on assassine rarement, parce que les voleurs & non les assassins sont transportés dans la colonie.

Je vous assure, M. le Chancelier, que la facilité avec laquelle on ôte la vie aux hommes, prouve ordinairement la dureté & l'incapacité de la plupart des Législateurs. Pour moi mon intention est de chercher plutôt tous les moyens de les rendre heureux, que de les détruire.

LETTRE LXXXIII.

De la puiſſance des Peines.

L'EXPÉRIENCE nous prouve, Monſieur, que dans un pays où les peines ſont douces, l'eſprit du citoyen en eſt frappé, comme il l'eſt ailleurs par les grandes.

S'il arrive un inçovénient dans un Etat, un gouvernement violent veut ſoudain le corriger; & au lieu de faire exécuter les anciennes loix, on veut établir une peine cruelle qui arrête le mal ſur le champ, en uſant le reſſort du gouvernement. L'imagination ſe fait à cette grande peine comme à la moindre; & comme on diminue la crainte pour celle-ci, l'on eſt bientôt forcé d'établir l'autre dans tous les cas. Le ſupplice cruel de la roue, que l'on inventa pour punir les vols de grands chemins, le ſuſpendit pendant quelque temps; on a volé également depuis ſur les grands chemins.

Depuis que l'on punit les déserteurs par les galères, ils désertent moins, par la honte qui flétrit le soldat pendant sa vie.

La nature a donné aux hommes la honte comme leur fléau. Que la plus grande partie de la peine soit donc l'infamie de souffrir. On pend pour le vol, ce supplice l'arrête-t-il ? Non : hé-bien imprimez sur les joues du voleur une marque qui le désigne pour tel à la société, cette infamie sera mille fois plus cruelle que le supplice, & on conservera par là un homme qui peut être utile, dont la vie ne peut être mise dans la même balance que de l'argent, & l'exemple de cette punition sera plus frappante que le supplice même.

D'ailleurs en punissant tous les crimes avec la même sévérité, on force les coupables d'en commettre pour échapper à la punition de leurs fautes ; car la cruauté des peines ne marque gueres que la multitude des infracteurs.

LETTRE LXXXIV.

Du Malheur.

POUR que les Rois fuſſent ſenſibles aux peines des autres, Monſieur, il faudroit qu'ils euſſent éprouvé l'infortune, dites-vous ? Vous ajoutez que quand il n'ont jamais goûté que le doux poiſon des proſpérités, ils ſe croyent des Dieux, ils comptent pour rien les hommes, ils veulent par leurs caprices ſe jouer de la nature entiere. S'ils entendent parler de ſouffrances, c'eſt un ſonge pour eux, ils ne ſavent ce que c'eſt ; ils n'ont jamais connu la diſtance du bien & du mal, & que l'infortune ſeule peut leur donner de l'humanité, & changer leur cœur dur & apathique, en un cœur humain, & qu'alors enfin ils ſentent qu'ils ſont hommes, & qu'il faut avoir pitié de leurs ſemblables.

Sans vouloir combattre votre façon de penſer, qui peut ſe trouver vraie à bien des égards, un Souverain, ſelon moi, qui auroit ce caractere, feroit véritablement malheureux : vous ne me l'attribuerez pas, Monfieur, quand vous faurez que fenfible aux malheurs que vous avez éprouvés, j'ai donné ordre de faire élever vos enfans à mes dépens, & de vous donner une place qui vous mettra à même de foutenir votre état. Vous aurez, peut-être, meilleure opinion de nous, & vous avouerez avec moi que ce qui nous rend encore bien plus malheureux, c'eft quand nous fommes tyrannifés par nos paffions, que la vérité ne peut percer la foule des flatteurs, pous nous éclairer, & que, peu au fait de l'étendue de nos devoirs, nous n'avons jamais goûté le plaifir & les charmes de la pure vertu.

LETTRE LXXXV.
De la Cour.

VOUS avez bien raifon, mon cher Comte, de me dire que dans la place que j'occupe, il faut fans ceffe prendre mon ame entre mes mains, pour ne pas la laif-

fer prendre à tous les Courtifans qui m'en-
ourent, & qui ne demanderoient pas
mieux que de me donner la leur. Ce qui
caufe mon chagrin, & quelquefois mon
abbattement, c'eft que parmi tous ces
hommes, j'ai de la peine à en trouver un
feul digne de ma confiance; ils en ont bien
le ton & le vifage, mais c'eft tout. Ennuyé
chaque jour de fades complimens, de
refpects ferviles & intéreffés, entouré de
gens préoccupés de projets d'ambition, de
fortune & de plaifirs, qui ne font, comme
vous dites, touchés que du moi, je vois
bien clairement qu'ils n'aiment pas ma
perfonne, mais le Monarque; jugez du
bonheur que j'ai. Quand reviendrez-vous
donc pour me faire goûter celui de dépofer
dans le fein d'un véritable ami une ame
que je vous livrerai toute entiere, parce
que je fais que vous n'en abuferez point,
puifque vous aimez & la vertu & votre
Prince ? Adieu. Finiffez donc vos affaires,
& que je vous revoie bien vîte.

E

LETTRE LXXXVI.

De la Fermeté.

VOUS regardez la fermeté, mon cher Comte, avec raiſon comme la gardienne & le ſoutien des vertus du Souverain & de l'homme d'Etat ; & on ſeroit inexcuſable de ne pas en faire uſage contre les grands coupables, de quelque rang qu'ils ſoient, étant une vertu capitale dans un Roi & dans tout homme en place ; ſi l'un & l'autre dans une réſolution priſe, ne ſavoient pas être fermes, ils ſeroient incapables de conduire les affaires.

Avec une volonté ordinaire de faire le bien, on ſe laiſſeroit bientôt ébranler par les ſollicitations & les remontrances inſidieuſes des perſonnes intéreſſées à empêcher ce bien ; il vaudroit mieux quelquefois ſuivre le parti le moins avantageux, que de n'avoir pas aſſez de fermeté pour le ſuivre. Le défaut de fermeté prend ordinairement ſa ſource dans un fond d'indolence, & de l'amour de l'inaction ; on mitige, on se relâche, on compose, & l'on croit céder aux circonstances ; mais dans le fond c'est qu'on sent sa foiblesse pour lutter sans cesse contre le torrent, & la fermeté ennuye quand il en coûte tant pour l'avoir. On se flatte en vain d'être tranquille en se relâchant sur ce devoir, on se trompe ; car céder aux importunités c'est s'en préparer d'éternelles. Le moyen donc sûr pour un homme en place, d'être tranquille à ce sujet, c'est de se montrer constamment inaccessible à la sollicitation, & inébranlable dans un parti pris. L'intrigue, la cupidité, la cabale seront déconcertés ; les méchans en murmureront, mais les gens de bien applaudiront. Pour lors l'autorité sera plus considérée, les postes seront mieux remplis ; les sages réglemens seront en vigueur, la Justice contiendra tout dans l'ordre ; les talens au lieu de se tourner vers l'intrigue, qui ne conduira à rien, s'appliqueront au bien & au solide, & le seul mérite, sûr de prétendre à tout, naîtra de tous côtés.

E ij

Le cas encore, mon ami, où un Souverain doit s'armer d'une fermeté inexorable, c'est contre celui qui tend directement à l'oppression du foible, que le nom, le crédit, le rang, la fortune souvent amassée par des vexations criantes, ou d'indignes monopoles, n'arrachent qui que ce soit au bras de la Justice; c'est bien là mon intention, & j'ai déja fait quelques exemples à ce sujet, que vous connoissez, car sans cela je me rendrois complice du mal que l'on peut faire, & j'aurois un jour à en répondre à la postérité, & au Maître de la nature qui n'est que justice, & sur qui je dois, autant que je le pourrai, modeler la mienne.

LETTRE LXXXVII,

De la Vérité.

VERTU qu'on connoît peu dans les Cours rédoutables aux tyrans, & si consolante aux bons Princes, & qu'ils aiment à entendre quand le poison de la flatterie ne les a pas gâtés. D'où vient, mon cher Comte, que peu d'hommes n'ont pas la force de l'aimer, c'est qu'il faut la leur repréſenter d'une maniere douce & inſinuante. L'amour propre ne voit point avec plaiſir ſon ignorance, & encore moins ſouffre d'être réprimandé. Cependant rien n'eſt plus dangereux pour un Roi de marquer de l'éloignement pour elle, ne lui fut-elle même pas préſentée avec les ménagemens que deſire l'amour propre. Dans ces occaſions, mon ami, il faut recevoir la vérité comme on prendroit un remede, qui, quoique amer au goût, n'en ſeroit pas moins ſalutaire; elle doit nous accompagner comme un fidele domeſtique, qui peut nous voir à chaque inſtant, ſans craindre de nous importuner. La flatterie eſt baſſe & rampante, & ne ſe décourage pas d'être mal reçue; la vérité au contraire eſt noble & fiere, & ſi on la rebute, elle diſparoît pour toujours. Je vous rapporte, mon ami, ce que l'immortel *Fenelon* diſoit à ſon éleve à ce ſujet.

» Quand les Princes laiſſent échapper

» la vérité, elle est perdue pour eux;
» & sur-tout ils ne doivent jamais s'atten-
» dre qu'on leur donnera deux fois un
» avis dont ils n'ont pas fait cas ». Il
faut qu'ils entendent à demi mot, quand
un homme de probité leur parle défavora-
blement sur le compte d'une personne qui
a leur confiance, & qu'ils concluent au
moins le double de mal qu'il leur en dit;
ils pourroient même sans jugement témé-
raire, en conclure le quadruple, quand
on ne fait pas difficulté de les avertir par
un écrit signé. On ne veut pas se rendre
importun, ou craint de s'exposer au ressen-
timent d'un homme qui a votre confiance,
& l'on a appris à le craindre par l'expérience des autres; en sorte que souvent
d'honnêtes gens laisseroient bouleverser
l'Etat, plutôt que d'en donner avis au
Prince, parce que s'ils ne réussissent pas
à décréditer l'homme en faveur, qui est la
cause du mal, ils en seront eux-mêmes
accablés. Un Prince qui compromet une
seule fois un homme de bien qui a eu le
courage de lui montrer qu'on abuse de sa

confiance, ne doit plus compter fur aucuns avis de cette nature ; il s'expofe à fouffrir fans que perfonne le plaigne.

Le moyen donc, mon ami, de l'attirer auprès de foi, eft de s'attacher les hommes de mérite, de vertu, de probité & d'honneur, les plus défintéreffés dans leur conduite, les moins empreffés à vous plaire & les plus capables de condamner vos paffions & vos fentimens injuftes.

LETTRE LXXXVIII.
De la Civilité.

LA civilité, M. le Comte, fynonime d'affabilité & de politeffe, eft une maniere honnête d'agir & de converfer avec les autres hommes dans la fociété ; elle eft encore une bienféance dans les manieres & dans les paroles, tendante à plaire & à marquer les égards que l'on a pour tout le monde quoique fouvent elle n'émane pas du cœur, au moins fait-elle paroître l'homme au dehors, comme il devroit être intérieurement, afin que par nos paroles & nos manieres, ceux qui nous approchent, foient contens de nous.

Je ne puis, moi Souverain, m'en difpen-fer, en ne laiffant fortir de devant moi perfonne qui ne foit content ; car je ne peux faire du bien à tout le monde, mais je peux dire toujours des chofes qui flat-tent & qui plaifent ; & vous voudriez, vous, Monfieur, ne pas fuivre cette con-duite, dans la place que je vous ai con-fiée ? Ce ne fera pas le moyen de vous y faire aimer & d'y refter long-temps, je vous en avertis.

LETTRE LXXXIX.

De l'Envie.

L'ENVIE, M. le Prince, eft une inquiétude de l'ame, caufée par la confi-dération d'un bien que nous défirons, & dont jouit une autre perfonne ; elle a plu-fieurs degrés, & peut être plus ou moins malheureufe, & plus ou moins blâmable en général, & elle a quelque chose de bas. Froide ou seche sur les vertus d'autrui, elle les nie, ou leur refuse les hommages & les louanges qui leur sont dus ; & c'est la nature de celle que j'ai découverte dans votre protégé, vis-à-vis M. de *. Les Souverains, les Ministres, & en général tous les gens en place, devroient regarder cette passion avec mépris, & qui ne peut même avoir pour eux que de malheureux effets, sur-tout lorsqu'elle les porte à regarder comme leurs ennemis ou leurs rivaux, ceux dont les conseils & les lumieres supérieures pourroient leur aider à mieux remplir leurs devoirs ; voilà d'où vient qu'il y a tant de gens à talens dans l'oubli, pourquoi ? On craint leur probité, & la supériorité de leur génie ; quelle puérilité ! dès qu'on a récompensé & qu'on protége les personnes de mérite, on devient leur égal. Ainsi, M. le Prince, quand votre protégé ne sera plus dévoré par cette infâme passion, je verrai ce que je pourrai faire pour lui.

LETTRE LXXXX.

De la Valeur & du Courage.

LA valeur, M. le Maréchal, eſt diffé-
rente du courage, en ce que celui-ci eſt
cette vertu mâle qui naît du ſentiment
de ſes propres forces, & qui, par caractere ou par réflexion, fait braver les dangers & les ſuites ; s'il n'eſt ſuivi de la réflexion & de la prudence, c'eſt un emporte-
ment, une ardeur brutale, un mépris
inſenſé de la vie. Un Souverain doit en
avoir aſſez pour ne pas s'expoſer mal-à-
propos, & en même-temps pour ne pas
laiſſer ſa réputation incertaine ſur ſa bra-
voure ; il eſt encore néceſſaire dans les évé-
nemens de la vie ; il eſt pour lors qualifié
de grandeur d'ame, d'ame forte, & nous
en avons beſoin, M. le Maréchal, comme
les autres quelquefois.

La valeur au contraire eſt ce ſentiment
que produit l'enthouſiaſme de la gloire,
& la ſoif de la renommée, qui, non con-

tent de faire affronter le danger sans le craindre, le fait même chérir & rechercher.

C'eſt à ce délire de l'héroïſme que nous devons dans les derniers ſiécles les preux Chevaliers, qui, ne reſpirant que l'humanité, s'étoient appropriés la cauſe de tous les foibles de l'univers ; c'eſt cette délicateſſe généreuſe que l'ombre d'un outrage enflamme, & dont rien ne peut déſarmer la vengeance, que l'idée d'une vengeance trop facile.

Un Souverain, M. le Maréchal, veut-il rendre ſa nation valeureuſe, que toute action de valeur y ſoit récompenſée ; mais quelle doit être cette récompenſe ? L'éloge & la célébrité. Faites conſtruire des chars de triomphe pour ceux qui auront triomphé ; un grand cirque pour que les ſpectateurs, les rivaux & les applaudiſſemens ſoient nombreux ; gardez-vous ſur-tout de payer avec de l'or, ce que l'honneur ſeul peut & doit acquitter. Celui qui ſonge à être riche, n'eſt, ni ne ſera jamais valeureux. Qu'avez-vous beſoin d'or ? Un laurier récompenſe un héros.

LETTRE LXXXXI.

Du Confesseur d'un Souverain.

JE suis très-content, M. l'Evêque, du confesseur que vous m'avez procuré, c'est réellement un homme selon le cœur de Dieu, & qui se renfermant dans les bornes de son ministere, ne se mêle d'aucune intrigue, d'aucune faction, d'aucune affaire de cour ; c'est enfin un vrai Ministre de Jesus-Christ, qui me prêche la même morale que le digne Clement XIV attribue avec raison, au sage directeur d'un Prince : la voici.

Il a voulu d'abord savoir si j'étois instruit des devoirs de ma religion, & principalement de mes obligations envers mes sujets ; car il n'est que trop ordinaire, dit-il, de voir des Princes, sortir des mains de leurs instituteurs, sans aucune connoissance de ce que la religion & la politique exigent d'un homme qui gouverne.

Il me recommande sans cesse d'aimer

toujours la vérité, & fans réferve, comme le feul moyen de chaffer d'auprès de moi tous les flatteurs, tous les délateurs, qui, mille fois plus dangereux pour nous que tous les fléaux, nous perdent pour ce monde & pour l'autre.

Il me follicite de faire rendre à la religion le refpect qui lui eft dû, non en perfécutant, mais en arrêtant les fcandales, & en donnant moi-même l'exemple par ma conduite à cet égard.

Il ne ceffe de me repréfenter que les bonnes mœurs font d'autant plus utiles à un Prince, que c'eft le feul moyen de les faire fleurir dans mon Empire, & d'y rendre par là les citoyens heureux & nombreux.

Il me dit continuellement avec raifon que mes fujets font mes enfans, que je me dois à eux à tout inftant pour les confoler & les fecourir, & que le plus fûr moyen de ne pas les jetter dans l'indigence ou le défefpoir, eft de proportionner les impôts à leurs facultés & à leur induftrie; que je leur dois une prompte & exacte justice, que je dois voir tout par moi-même, en entrant jusques dans les détails; car pour rendre son peuple heureux, il faut descendre jusqu'à lui; il veut que ce même peuple, si méprisé des Grands, qui ne songent pas que dans un Etat tout est peuple, hormis le Souverain, m'occupe sans cesse comme une portion sacrée, & qui étant l'appui de mon Trône, doit être ménagée comme la prunelle de l'œil.

Il me fait sentir qu'occupé du travail, tout le temps de ma vie, je ne dois le quitter que comme un délassement nécessaire à tous les hommes; & que quand il s'agit du bien de l'Etat, je dois tout sacrifier jusqu'à mes prieres mêmes.

Ne vous embarrassez pas, Sire, me répéte-t-il souvent, du jugement de vos contemporains & de la postérité, il périra avec eux; au lieu que Dieu toujours vivant, toujours vengeur des crimes, vous demandera un jour compte de votre administration jusqu'aux moindres détails, car étant la vérité éternelle, rien ne lui échappe; & si vous avez placé, soit dans l'état séculier, foit dans l'état eccléfiaftique, des fujets qui, en rempliffant mal leurs devoirs, y commettent du mal & des injuftices, vous en ferez encore refponfable devant Dieu, aux yeux de qui les Rois font comme les derniers des hommes.

Que le fafte ne foit pas le foutien de votre dignité, mais qu'elle foit proportionnée à l'étendue de vos Etats, de vos forces & de vos revenus; ne craignez point auffi de compromettre votre rang, en vous humanifant avec votre peuple, & en defcendant jufqu'à lui, c'eft d'ailleurs le moyen d'écouter tout le monde, de voir tout, de favoir tout & de rendre une prompte juftice; car les Princes ne font pas les répréfentans de la Divinité feulement, par leur pouvoir & leur autorité, ils doivent encore l'être par leurs vertus; & alors un peuple ne peut s'empêcher de dire : notre Souverain nous gouverne comme la Divinité, avec bonté, avec juftice, avec clémence; car vous devez à vos fujets compte de vos actions & de votre conduite, non de celle qui laifferoit pénétrer les fecrets de votre

Conseil, mais de celle qui a rapport à leur bonheur, & à les édifier.

D'après cet exposé, vous m'avouerez, Monsieur, que je dois être content de votre choix, aussi le suis-je ; je vous en remercie, & vous prie de demander à Dieu pour moi les graces suffisantes pour conduire mon peuple, comme vous conduisez le troupeau qu'il vous a confié, par l'équité, la charité, la douceur & la tendresse.

LETTRE LXXXXII.

Des Hôpitaux.

LES aumônes que l'on fait, M. le Surintendant, aux malheureux, ne remplissent point les obligation de l'Etat, qui doit à tous ses concitoyens une subsistance assurée, la nourriture, un vêtement convenable & un genre de vie qui ne soit pas contraire à la santé ; par conséquent il faut des hôpitaux, soit pour avoir soin des vieillards, des malades, des orphelins; mais je veux auſſi, en remédiant aux abus qui ſe commettent perpétuellement dans la manutention de ces hôpitaux, que la ſubſiſtance de tous ces malheureux, ſoit encore tirée du ſein des arts mêmes; que l'on donne aux uns les travaux dont ils ſont capables, qu'on enſeigne les autres à tra-vailler, ce qui fait déja un travail. Les richeſſes d'un Etat ſuppoſant beaucoup d'induſtrie, il n'eſt pas poſſible que dans un ſi grand nombre de branches de commerce, il n'y en ait toujours quel-ques-unes qui ſouffrent, & dont par conſé-quent les ouvriers ne ſoient dans une néceſ-ſité momentanée; c'eſt pour lors que l'Etat a beſoin de porter un prompt ſecours, ſoit pour empêcher le peuple de ſouffrir, ſoit pour éviter qu'il ſe révolte; c'eſt dans ce cas que les hôpiaux, ou quelque régle-ment équivalent, ſont utiles pour préve-nir ou adoucir cette miſere.

Mais ſi la nation étoit livrée à un eſprit de pareſſe, qui par là augmenteroit la pau-vreté générale, pour lors tous les hôpitaux du monde ne ſauroient guérir cette pauvreté. Il faudroit dans ce cas au lieu d'en établir , inspirer à cette nation le goût du travail & de l'industrie , ou détruire même les hôpitaux où le bas peuple trouveroit sa subsistance , parce que pour lors l'esprit de commerce & d'industrie s'établiroit. A Rome où il y a quantité d'hôpitaux, tout le monde y est à son aise , excepté ceux qui ont de l'industrie, ceux qui cultivent les arts, ceux qui ont des terres , ceux qui font le commerce.

Passons actuellement, M^r , aux hôpitaux militaires, dont l'administration des remedes n'est pas soigneusement remplie, abus que je veux corriger. Comme la plupart de ces hôpitaux sont toujours en entreprise, l'intérêt des entrepreneurs les emporte à n'employer que des remedes du plus médiocre prix, & d'employer également la plus petite quantité.

Les apothicaires sont souvent entrepreneurs eux-mêmes, ou s'ils ne le sont pas, ils les choisissent à leur gré ; il s'ensuit delà que pouvant les congédier quand bon leur semble, l'apothicaire à ses ordres est obligé malgré lui, & malgré l'envie qu'il a d'exécuter avec circonſpection les ordonnances preſcrites par le medécin & le chirurgien, de remplacer des remedes chers & bons par d'autres de moindre prix, & que la vétuſte, ou la mauvaiſe qualité rend inutiles & ſouvent dangereux, parce que devenant alors plus ou moins irritans, ils ſont pernicieux à différens tempéramens. Le medécin, Monſieur, n'entre point dans cette monopole, elle eſt l'effet de l'entrepreneur & de l'apothicaire, qui, crainte de renvoi, n'oſe s'y ſouſtraire.

Autre abus. Je paſſe aux entrepreneurs un apothicaire pour cinquante malades, indiſtinctement, & très-ſouvent il arrive que le même apothicaire en a cent cinquante à ſervir au moins. Cela fait donc les gages de deux apothicaires, que l'entrepreneur met dans ſa poche; qu'en arrive-t-il ? Ce ſeul apothicaire ne peut compoſer & adminiſtrer un ſi grand nombre de remedes preſcrits par le médecin & le chirurgien, forcé comme il eſt de faire le ſervice de trois. La crainte de déplaire à l'entrepreneur , & celle des plaintes des malades, le forcent d'exécuter tout feul ce qui lui eft prefcrit ; il ne peut le faire qu'en préparant tous fes remedes magiftraux de la même nature enfemble, fans avoir égard aux dofes, & de fe régler en les adminiftrant fur les quantités, c'eft-à-dire en en donnant un peu plus ou moins à l'un qu'à l'autre ; & vu que le nombre confidérable de remedes lui ôte l'idée préfente de ce qu'il lui a été prefcrit, il ne peut en réfulter que beaucoup de mal, en donnant plus à celui à qui il en faut moins, *& vice verfâ.*

Je voudrois, Monfieur, que dans chaque hôpital par entreprife, il y eût un apothicaire en chef, qui fût à ma folde, fans avoir rien de commun avec l'entrepreneur, & qui ne pourroit être congédié par ce dernier, ou fans des raifons particulieres. Il feroit exécuter les ordonnances du médecin & du chirurgien, fans aucune fupercherie ; il veilleroit à ce que la pharmacie fût toujours munie de remedes frais & de bonne nature ; il empêcheroit l'emploi des remedes falfifiés, ou gâtés par vétufté;

(85)

il veilleroit également à ce que l'entrepreneur eût le nombre de garçons apothicaires néceſſaires à la quantité des malades ; il ſe chargeroit auſſi de faire toutes les opérations chymiques & pharmaceutiques qui s'employeroient dans l'hôpital, & ce, aux conditions que l'entrepreneur fourniroit tout ce qui ſeroit néceſſaire pour leſdites opérations. D'après cela, les effets des remedes, & leur adminiſtration ſeroit ſûre.

Il en eſt également des garçons chirurgiens & infirmiers, dont il n'y a jamais la quantité preſcrite par les ordonnances. Voilà des abus, Monſieur, & très-grands, & ce ne ſeroit pas avoir de l'humanité, ſi je ne les corrigeois, & n'euſſe pas ſoin en même-temps de ces braves défenſeurs de la patrie, qui ne deſirent la ſanté & la vie que pour les prodiguer en faveur de leur Prince, & de leurs concitoyens.

LETTRE LXXXXIII.

Des Privileges exclufifs.

JE regarde, Monfieur, les privileges exclufifs comme les ennemis des arts & du commerce, que la concurrence feule peut encourager. Le droit d'apprentiffage & le prix des maîtrifes font encore une monopole deftructive de l'induftrié; cette forte de privileges qui favorife le corps des métiers, c'eft-à-dire de petites communautés, aux dépensde la grande, eft nuifible à l'Etat, en ôtant aux gens du peuple la liberté de choifir la profeffion qui leur convient, on remplit toutes les profeffions de mauvais ouvriers. Celles qui demandent le plus de talent, font exercées par les mains qui ont le plus d'argent; les plus viles, & les moins cheres tombent fouvent à des gens nés pour exceller dans un art diftingué. Les uns & les autres, dans un métier dont ils n'ont pas le goût, négligent l'ouvrage, & perdent l'art; les pre-

miers, parce qu'ils font au deffous; les
feconds, parce qu'ils fe fentent au deffus;
mais l'exemption des maîtrifes produit la
concurrence des ouvriers, & dès-lors
l'abondance & la perfection des ouvrages.

* * *

LETTRE LXXXXIV.

De la perte d'une Monarchie.

UNE Monarchie fe perd lorfque le
Souverain ôte peu à peu les privileges des
villes, ou les prérogatives des corps; lorfqu'il croit qu'il montre plus fa puiffance,
en changeant l'ordre des chofes qu'en les
fuivant, lorfqu'il ôte les fonctions naturel-
les des uns, pour les donner arbitrairement
à d'autres, & lorfque plus amoureux de
fes fantaifies que de fes volontés, il abufe
de fon autorité.

Elle fe perd encore lorfque le Prince
rapportant tout uniquement à lui, appelle
l'Etat à fa Capitale, la Capitale à la Cour,
& la Cour à fa feule Perfonne. Enfin lorf-

qu'il méconnoît son autorité, & qu'il ruine son Gouvernement par des emprunts excessifs, & qui ne servent qu'à satisfaire ses folles dépenses. Je joins ici, Monsieur le Surintendant, un mémoire sur le crédit public ; vous en verrez les suites, elles doivent faire réfléchir bien sérieusement ceux qui le regardent comme une ressource d'un Gouvernement.

LETTRE LXXXXV.

Du Crédit public.

CE que l'on nomme crédit n'est en général qu'un délai donné pour payer. Ce qui fait la différence du crédit particulier & du crédit public, c'est que l'un a le gain pour but, & l'autre la dépense : il suit de là que le crédit est richesse pour les négocians, puisqu'il devient pour eux un moyen de s'enrichir, & qu'il est pour les Gouvernemens une cause d'apauvrissement, puisqu'il ne leur procure que la faculté de fe ruiner. Un Etat qui emprunte, aliéne une portion de fon revenu, pour un capital qu'il dépenfe; il eft donc plus pauvre après ces emprunts, qu'il ne l'étoit avant cette opération funefte.

L'ufage cependant du crédit public, quoique ruineux pour tous les Etats, ne l'eft pas pour tous au même point. Une nation riche en beaucoup de productions de valeur, dont le revenu entier eft libre, qui refpectant toujours fes engagemens, fans l'ambition des conquêtes, fe gouverne par elle-même, trouvera de l'argent à meilleur marché, qu'un Empire dont le fol n'eft pas abondant, qui eft furchargé de dettes, qui entreprend au delà de fes forces, & qui ayant trompé fes créanciers, gémit fous un Gouvernement arbitraire; le prêteur faifant néceffairement la loi, en proportionnera toujours la rigueur aux rifques qu'il craindra : ainfi un peuple dont les finances font en défordre, tombera rapidement dans les derniers malheurs, par le crédit public : mais le Gouvernement le mieux ordonné y trouvera auffi le terme de fa profpérité.

N'eſt-il pas utile aux Etats, diſent quelques arithméticiens politiques, d'appeller
dans leur ſein l'argent des autres nations,
& les emprunts publics ne produiſent-ils
ils pas cet effet important ? Oui , ſans
doute, on attire les métaux des étrangers
par cette voie, comme on l'attireroit en
leur vendant une ou pluſieurs Provinces
de l'Empire : peut-être même feroit-il
plus raiſonnable de leur livrer le ſol, que
de le cultiver uniquement pour eux; mais
ſi c'eſt à ſes ſujets ſeuls que l'Etat emprunte, il ne livre pas par ce moyen le
revenu nationnal à des étrangers, non,
mais il énerve pluſieurs de ſes membres,
pour en engraiſſer un ſeul. Les intérêts
qu'il faut payer, les capitaux à rembour-
ſer, ne font-ils pas augmenter les impoſitions en raiſon progreſſive; & par conféquent les cultivateurs, tous les citoyens
ne ſe trouveront-ils pas plus chargés,
que ſi on leur eut demandé directement
& tout d'un coup, les ſommes emprun-
tées par le Gouvernement ? Leur poſition
eſt la même que s'ils euſſent emprunté

eux-mêmes, pour subvenir aux dépenses accidentelles, au lieu de faire des économies sur leurs dépenses ordinaires.

Mais, dira-t-on, les papiers publics qui résultent des emprunts faits par le Gouvernement, en augmentant la masse des richesses circulantes, donnent une grande extension aux affaires, & facilitent toutes les opérations.

Quelle politique plus vicieuse! poussez-la aussi loin qu'elle peut aller ; faites emprunter par l'Etat tout ce qu'il peut emprunter ; accablez-le d'intérêts à payer ; en le mettant ainsi dans la nécessité de forcer tous les impôts, vous verrez qu'avec toutes vos richesses circulantes, vous n'aurez plus de richesses renaissantes pour vos consommations & le commerce. Sans les mobiles qui les mettent en mouvement, l'argent & le papier ne circulent pas d'eux-mêmes ; tous ces différens signes ne figurent qu'à raison des ventes & achats qui se font. Vous auriez beau couvrir d'or l'Europe entiere, si elle n'a point de marchandises dans le commerce, cet or sera sans

activité. Sans vous embarrasser des signes,
multipliez seulement les effets commerça-
bles, la confiance & la nécessité les établiront bien sans vous ; gardez-vous sur-
tout, en les multipliant, de prendre des
moyens qui diminueroient nécessairement
la masse de vos productions renaissantes.

L'usage du crédit public, dira-t-on
encore, met une Puissance en état de faire
la loi aux autres. Cette ressource ne peut-
elle pas être commune également aux autres
Puissances ? Si ces moyens vous servent
pour aller à votre ennemi, ne s'en servira-
t-il pas aussi pour aller à vous ? Le crédit
de deux peuples ne sera-t-il pas proportionné à leurs richesses respectives, & ne
se trouveroient-ils pas ruinés, sans avoir
eu l'un sur l'autre d'autres avantages que
ceux dont ils jouissoient indépendamment
de tout emprunt ? Un écrivain disoit avec
raison que quand il voyoit des Monarques
& des Empires se battre & s'acharner les
uns sur les autres, au milieu de leurs dettes,
de leurs fonds publics, & de leurs revenus
en gages, qu'il lui sembloit voir des gens

qui s'efcrimoient avec des bâtons au milieu des porcelaines, dans la boutique d'un fayancier.

Tout Etat donc qui ne fera pas détourné de la voie ruineufe des emprunts, par les confidérations que nous venons de péfer, creufera lui-même fa tombe. La facilité d'avoir beaucoup d'argent à la fois, jettera un gouvernement dans toutes fortes d'entreprifes injuftes, téméraires & difpendieufes, lui fera hypothéquer l'avenir pour le préfent, & jouer le préfent pour l'avenir. Un emprunt en attirera un autre, & pour accélérer le dernier, on groffira de plus en plus l'intérêt.

Il s'enfuivra de ce défordre que le frêlon inutile & oifif confommera le fruit du travail de l'abeille. La facilité de jouir fans rien faire, attirera tous les gens riches, tous les hommes vicieux, tous les intrigans dans une Capitale, des valets dérobés à la charrue, des filles ravies à l'innocence & au mariage, des fujets de tout fexe voués au luxe, inftrumens, victimes, objets ou jouets de la moleffe & des voluptés aug-

menteront le nombre des gens inutiles &
oisifs.

Dès qu'on peut moissonner sans labou-
rer, tout le monde se jette dans cet espece
de négoce, qui est tout à la fois lucratif
& facile. Les propriétaires & les négocians
veulent devenir rentiers ; on change son
argent en papier d'Etat, parce que c'est le
signe le plus portatif, le moins sujet à l'alté-
ration du temps, à l'injure des saisons, à
l'avidité des traitans. L'agriculture, le commerce & l'industrie souffrent de la préfé-
rence qu'on donne aux signes sur les choses. Souvent l'Etat dépensant mal ce qu'il
a acquis, à mesure que ses dettes s'accumu-
lent, il augmente les impôts pour payer
les intérêts ; ainsi toutes les classes actives
& fécondes de la société sont dépouil-
lées, épuisées par la classe paresseuse &
stérile des rentiers. L'effet de l'augmentation des impôts, est de faire hausser le
prix des denrées, & par conséquent celui
de l'industrie ; dès-lors la consommation
diminue, parce que dès le moment où la
marchandise est trop chere pour soutenir

la concurrence, l'exportation ceſſe auſſi-
tôt, les terres & les manufactures lan-
guiſſent.

L'impuiſſance où ſe trouve alors l'Etat
de faire face à ſes engagemens, le réduit
ordinairement à s'en libérer, en n'en payant
plus aucun ; dès-lors plus de confiance
publique, plus de probité. Voilà les ſuites
du crédit, & ſes funeſtes effets, & ils doivent faire penſer un Souverain.

LETTRE LXXXXVI.

Des Corvées.

VOUS me demandez, Monſieur ;
quelle doit être la conduite des corvées
que vous avez établies dans votre Gouvernement, pour la perfection des chemins. Comme vous ſavez, ſans doute,
que la corvée eſt un ouvrage public, que
l'on fait faire aux communautés, aux particuliers, deſquels on demande dans les
ſaiſons mortes quelques journées de leur
temps, il en réſulte qu'une telle condi-

tion, dure pour chacun de ces particuliers, indique par conséquent toute l'im-
portance qu'il y a de les bien conduire,
pour tirer des jours précieux qu'on leur
demande fans falaire, le plus d'utilité que
l'on peut, afin de ne point perdre à la
fois le temps du particulier, & le fruit
que l'Etat doit en retirer.

La perfection de la conduite des corvées consiste donc à faire le plus d'ouvrage possible dans le moins de temps pos-
fible, & de toutes les voies relatives à
cet objet, choisir toujours la plus prompte
& la plus expéditive, comme celle qui
doit être la meilleure, parce qu'une corvée languissante est un fardeau immense
sur les particuliers, & particuliérement
sur les agriculteurs, une servitude dans
l'Etat, qui souvent, sans produire le fruit
que l'on a en vue, fatigue sans cesse les
peuples, & gêne quelquefois très-long-
temps la liberté des citoyens. Pénétré de
commisération pour mes pauvres peuples,
vous emploierez donc la méthode qui ré-
pond le mieux à ces principes, tant pour

la diftribution & la conduite des travaux, que pour la police qui doit régler les travailleurs. Si vous voulez en connoître parfaitement les détails, confultez le Mémoire de M. Boulanger, Ingénieur des ponts & chauffées, Mémoire très-détaillé & très-inftructif par l'utilité de fes vues.

Je vous recommande fur-tout, Monfieur, de prendre garde qu'il ne fe commette de monopoles, de vexations, & même de brigandages, fuites trop ordinaires de ces travaux. Vous aurez la bonté d'écouter toutes les plaintes, de les vérifier au poids de l'équité, & de m'en faire paffer fur le champ les mémoires, fans en altérer la vérité, car je vous en rendrois refponfable.

LETTRE LXXXXVII.
D'une Ecole Militaire.

Vous m'aimerez bien davantage, mon cher Comte, quand vous faurez que je viens de fonder un monument de bienfaifance, en faveur de ma pauvre nobleffe,

G

& du pauvre militaire, qui hors d'état de donner de l'éducation à leurs enfans, & par là de leur procurer un état, les voyoit avec douleur sans talens, sans fortune, & dans l'impuissance de s'en procurer; mais comme je prétends que l'esprit de cette pieuse institution soit suivie à la lettre, il n'en sera reçu aucun dont les parens auront plus de deux mille livres de rente, & encore qu'ils ayent deux ou trois enfans; car un pere de famille qui a trois, quatre, cinq ou six mille livres de revenu, n'est pas pauvre, & ce seroit un abus de préférer sa famille à celle des pauvres militaires qui n'ont pas souvent cent pistoles. La brigue, ni la faveur, je vous jure, ne feront admettre personne, & ceux qui y entreront, seront munis de certificats authentiques de pauvreté, ou de la fortune de leurs parens, signés de toute la paroisse, ou des officiers municipaux des villes où ils résideront. Ceux qui chaque année remplaceront les places vuides, ou qui y prétendront, m'adresseront un mémoire muni de certificats requis; j'en ferai faire un tableau selon le rang d'ancienneté de la date de leurs demandes, & c'est moi-même qui y nommerai , & non mes Ministres, ni des protecteurs. Comme je sais que tous les avantages de la société sont pour les riches, tous les emplois lucratifs pour eux , toutes les graces enfin , & que les pauvres ne trouvent personne qui veuille s'intéresser pour eux, hé bien! ce sera moi; ils seront mes pauvres de tous les ans , & je ferai circuler dans leurs veines le sang qu'ils verseront un jour pour moi.

J'ajoute aussi, mon ami, que dans les certificats que j'exige, le bien, le revenu, la nature même de ce revenu, enfin le prix de la totalité de la fortune des parens y soit amplement détaillés, & cela par les officiers municipaux des environs qui ne seroient pas assez hardis de me tromper; je serois en tout cas bien malheureux après toutes ces précautions, si ne desirant que le bien, je l'étois.

G ij

LETTRE LXXXXVIII.

Des Ordres Religieux.

JE ne me plains point des Ordres Religieux, M. le Duc, je ne nie point non plus qu'il n'y ait dans les cloîtres de très-grandes vertus qui honorent la nature humaine; mais je me plains que ces vertus foient ftériles, & que la vie monaftique, dérobe trop de fujets à la fociété civile. Tant que dans mes Etats il y aura des friches, des campagnes dépeuplées, des colonies qui manquent d'habitans, le fléau de la guerre & de la marine qui détruit un nombre de citoyens, je ferois infenfé de fouffrir que ces familles immenfes fe perpétuaffent, & il feroit ridicule d'encourager cette multitude d'hommes & de femmes, qui s'engagent par ferment, autant qu'il eft en eux, à la deftruction de l'efpece humaine; car il eft bien évident que leur trop grand nombre dépeupleroit un Etat. Les Juifs pour cette raifon n'eurent ni Effe-

niennes, ni Filles thérapeutes ; il n'y eut
en Afie aucun afile confacré à la virginité.
Les Chinois & les Japponnois feuls ont
quelques Bonzeffes, mais elles ne font pas
abfolument inutiles ; il n'y eut jamais dans
l'ancienne Rome que fix Veftales, encore
pouvoient-elles fortir au bout d'un certain
temps de leur retraite pour fe marier. Le
Pape S. Leon, dont la mémoire eft fi refpec-
tée, ordonna en 458, avec d'autres Evêques,
qu'on ne donneroit jamais le voile aux filles
avant l'âge de quarante ans, & l'Empereur Majorien, fit une loi de l'Etat de
cette fage loi de l'Eglife; un zele impru-
dent abolit avec le temps ce que la fageffe
avoit établi.

La politique femblé exiger qu'il n'y ait
pour le fervice des autels, & des autres
fecours, que le nombre des miniftres fuffi-
fans. L'Angleterre, l'Ecoffe & l'Irlande
n'en ont pas vingt mille ; la Hollande qui
contient deux millions d'habitans, n'a tout
au plus que mille Eccléfiaftiques, encore
ces hommes confacrés à l'Eglife, étant
prefque tous mariés, fourniffent à la patrie

G iij

des sujets élevés avec sagesse. On compte
en France actuellement cent soixante-deux
mille Religieux & Religieuses, & cent
quarante neuf mille neuf cent quatre-vingt-
quatorze Ecclésiastiques séculiers, & c'est
beaucoup plus que le nombre ordinaire de
ses soldats. Le Clergé de l'Etat du Pape
contient environ quarante mille tant séculiers que Réligieux ou Religieuses. En Espa-
gne depuis l'émigration des Maures & des
Juifs, depuis la transplantation de tant de
familles Espagnoles en Amérique, les cloîtres y tiennent lieu d'une mortalité. Voyez
donc, M. le Duc, que de citoyens ils
enlevent à un Etat ? Il est également vrai
que chaque Supérieur, qui se voit à la tête
d'un petit Etat, voudroit accroître la multitude de ses sujets, & souvent un Moine
que le repentir desséche dans son cloître,
préférera plutôt le bien de son ordre que
le bien réel de la patrie.

Prêter serment à un autre qu'à son Souverain, est un crime de leze-Majesté dans
un laïque, & dans un cloître c'est un acte
de religion, abus d'autant plus grand, qu'il

peut porter des Religieux à servir Rome contre leur patrie. Je vais donc suivre les ordonnances du Pape S. Leon & de l'Empereur Majorien, ainsi que du Czar Pierre-le-Grand, & autres ; je vais défendre à tout ordre de Religieux de recevoir aucun Sujet avant l'âge de quarante ans, & je porterai la même loi pour les Religieuses. J'espere que ma fermeté à cet égard, & le bien qui en résultera dans mon Empire, la rendront à jamais irrévocable.

LETTRE LXXXXIX.

Des Ministres.

COMME la gloire des Rois , & le bonheur de leur regne sont nécessairement liés au choix qu'ils font des Ministres de leur puissance, mon cher Comte, il est essentiel pour eux d'être bien environnés. On abuse facilement des lumiers du Prince le plus clairvoyant , quand il se laisse éblouir ; alors le cuivre devient or à ses yeux, & il n'arrive que trop souvent qu'il

G iv

foutient après, quoiqu'il lui en coûte , les
hommes qu'il a une fois protégés.

Combien de Souverains ont été les plus
malheureux des hommes, d'avoir eu de
mauvais Miniſtres & trop de confiance
en eux.

Voilà quelle a été ma maxime, mon
ami, dans le choix de ceux que j'ai. Je me
ſuis, dans les commencemens, attaché à
bien diſcerner les eſprits, parce que je ſais
qu'un Miniſtre en impoſera rarement à un
Monarque qu'il connoît pénétrant, mais
ſe jouera de celui qui ſe laiſſe mener. Je
n'ai point cherché une étendue d'eſprit
prodigieuſe, ni un génie preſque divin,
parce que ce n'eſt point une pénétration
d'eſprit ſupérieure, qui fait les hommes
d'Etat, mais leur caractere ; pour peu
qu'ils ayent du bon ſens, ils voient tous
à peu près leurs intérêts. Un bourgeois
d'Amſterdam ou de Berne, en fait ſur ce
point autant que Séjan, Ximenès, Bukin-
gam, Richelieu ou Mazarin ; mais leur conduite & leurs entrepriſes dépendent uniquement de la trempe de leur ame , & leurs
ſuccès de la fortune.

Je me suis bien donné de garde de confier
aussi les intérêts publics entre les mains d'un
homme sujet à quelque passion violente.

J'ai préféré celui qui de concert avec
moi s'applique à rendre mes peuples heureux, & qui ne me laisse pas perdre un
instant de vue les moyens d'y parvenir,
qui a pour passion dominante l'amour du
bien public ; car selon moi le véritable
grand homme d'Etat, est celui dont il
reste des monumens utiles à la patrie. Quoiqu'il y ait des hommes, qui, bien inten-
tionnés d'ailleurs, impriment je ne sais
quel caractere de petitesse à tout ce qui
passe par leurs mains, & d'autres qui s'an-
noncent avec un faste arrogant qui déplaît
encore davantage, j'ai choisi celui qui sait
traiter les affaires avec cette noble dignité,
également éloignée de ces deux extrémités,
dont l'une avilit l'autorité, & l'autre en
rend l'exercice odieux ; car je n'aime point
ces caracteres ardens, qui, toujours prêts
à conclure pour les partis violens, ne
cessent de dire à un Roi qu'il est Roi, sans
jamais lui rappeller qu'il est pere. Le Minis-

tre intéreffé ne me plaîroit pas davantage ;
il ne fongeroit qu'à faire fa fortune, tout
feroit vénal dans fon département, & les
places dont il pourroit difpofer, feroient
moins la récompenfe du mérite, que la proie
du plus offrant ; s'il n'exerçoit point la
vénalité des charges par lui-même, ce feroit
à fon profit, par fes commis ou fa femme,
ou par un miniftere plus odieux encore :
& quélle humiliante néceffité pour un
fujet, plein d'honneur, de ne pouvoir
parvenir aux récompenfes de la vertu,
qu'en les partageant avec une femme fans
pudeur, ou des gens corrompus ; je veux
encore moins qu'il foit livré aux femmes,
il ne feroit propre à rien, pas même au
fecret. Voilà donc, mon cher Comte,
quelles font à peu près les qualités qui ont
décidé mon choix, & voici actuellement
ma façon de me conduire avec eux.

J'ai fixé à chacun les bornes de leur
pouvoir, en leur donnant affez de confiance pour l'accréditer dans tout ce qui a
rapport au miniftere ; mais veillant fans
ceffe fur eux, dans la crainte qu'ils en abu-

sent, & pour que je puisse les contenir, je me fais rendre compte de tout chaque jour ; je travaille avec eux, à des heures fixées, pour régler toutes les affaires. Je leur prescris de ne jamais rébuter personne quelqu'il soit, d'avoir de la douceur & de l'honnêteté pour tout le monde, de ne pas l'oublier sur-tout dans les ordres qu'ils donnent, parce que le Prince encourage & ne menace jamais de préférer les gens de mérite pauvres, aux sujets ordinaires & aisés ; de ne me rien cacher, ni de me tromper sous peine de mon indignation. Enfin je les encourage par mon exemple à faire tout le bien possible, en leur faisant envisager que leur place n'est élévée que par le bien qu'ils peuvent faire & le bonheur qu'ils peuvent répandre sur des peuples qui aimeront tendrement leur Prince. Je ne cesse de leur dire que le Roi le plus aimé sera toujours le plus puissant ; ses desirs seront des ordres pour ses sujets, & sa mémoire ainsi que celle de ses Minis-tres qui auront concouru avec lui à la féli-cité des peuples, sera en bénédiction à la postérité.

Je les affure que tant qu'ils fe conduiront comme je le defire, les cabales ni les intrigues de ma Cour ne pourront leur nuire. Enfin je leur cite le portrait que fait Mezerai du Cardinal d'Amboife, Miniftre du bon Louis XII ; il devroit être celui de tous les Miniftres : le voici. » Serviteur fans paffion & fans intérêt, favori fans infolence & fans cruauté, qui, dans fa puiffance abfolue, conferva le rang des Seigneurs & la liberté des peuples; qui ne détourna jamais la bonté naturelle du Roi à de mauvais ufages, ni n'employa fon crédit qu'au profit de tout le monde; qui rangea les Grands fans les renverfer, contint les peuples fans les vexer; Prêtre avec un feul bénéfice, Miniftre ayant les mains nettes de rapine & de fang, le cœur fans vengeance, & l'efprit fans jaloufie & fans fourbe. » Vous avouerez avec moi, mon cher Comte, que tous les Princes defireroient en trouver un pareil, auffi fut-il juftement aimé de la France & de fon Maître, parce qu'il les aimoit également, tous les deux.

LETTRE CI.

Des Troupes.

LE nombre de troupes qu'entretiennent aujourd'hui les Princes de l'Europe, M. le Duc, n'est-elle pas une maladie contagieuse ? N'enleve-t-elle pas à la population la plus belle espece d'hommes ? Ces mêmes hommes, sortis de cette profession, ne sont plus propres aux travaux de la campagne. Au lieu d'entretenir les miennes pendant la paix à des exercices puérils, de les entasser dans des places, comme si l'ennemi étoit aux portes de mon Empire, c'est-à-dire sur les frontieres, dans les pays où les vivres sont les plus chers, & ont le plus de débouchés, où les habitans ont plus de ressources & d'industrie, je crois, M. le Duc, qu'il sera plus avantageux de les disperser dans les Provinces intérieures qui manquent de vivification & d'especes, qui ont plus de denrées que de consommateurs ; ou dans ces

Psovinces qui font en friche, & que le
foldat pourroit cultiver, qui manquent
de chemins qu'il pourroit ouvrir. Nous
avons tant de grands chemins que l'on ne
répare que par des corvées toujours oné-
reufes au public, & au cultivateur principalement. Pourquoi, en paix, le foldat
n'y feroit-il pas employé ? Les Romains
n'ont fait ces chemins admirables, & qui
ont bravé les injures des temps, que par
feurs troupes. Les nôtres font-elles donc
d'une autre efpece ?

L'Auteur de l'Efprit des Loix dit avec
raifon que l'Europe eft aujourd'hui fi rui-
née, que les particuliers qui feroient dans
fa fituation où font les Puiffances de cette
partie du monde les plus opulentes, n'auroient pas de quoi vivre. » Nous fommes
pauvres, dit-il, avec les richeffes & le
commerce de tout l'univers; & bientôt
à force d'avoir des foldats, nous n'au-
rons plus que des foldats, & nous ferons
comme des Tartares. »

La fuite d'une telle fituation, Monfieur,
eft l'augmentation perpétuelle des impôts.

Dans le moment où je fermois celle-ci, on vient de m'apporter un Mémoire, conçu à peu près dans ces termes.

» Le Prince ne devroit-il pas donner à ceux qui ont versé leur sang pour l'Etat, des pensions sur des bénéfices ? Non seulement tous les Militaires, mais même tous les Sujets béniroient le Souverain ; & quiconque s'opposeroit à une institution si salutaire, seroit regardé comme un ennemi de la patrie.

Il y a beaucoup de couvens inutiles au monde à tous égards, qui jouissent de vingt-cinq, cinquante, cent, deux cens mille livres de rente. Quand on ne laisseroit à chacun de ces couvens que la moitié de leur revenu, & que le reste fût réservé pour des pensions, ne seroit-ce pas un grand bien pour l'Etat & pour le Trésor Royal ?

Quand j'aurai vu & réfléchi ce mémoire, je vous le communiquerai.

LETTRE CV.

De la Marine.

QUI a l'Empire des mers, M. le Prince, a bientôt celui de la terre, & tout peuple qui a la facilité de se transporter d'un bout d'un continent à l'autre, en peu de temps, devient une puissance formidable, pouvant à tout instant insulter ses voisins, & leur enlever tous les avantages du commerce.

Louis XIV, en 1690, prouva que son Empire étoit susceptible de cette puissance, & que la Hollande & l'Angleterre n'ont pas toujours eu le sceptre des mers.

J'entends dire par-tout, & je le croirois volontiers, Monsieur, que la marine marchande est l'école où devroit se former la marine royale. Tel est l'usage d'Angleterre, & les succès qui en ont résulté, démontrent cette vérité par elle-même. L'Amiral Hanke disoit un jour à un Officier Français, qui étoit son prisonnier, jamais en France

vous

vous n'aurez de marine, tant que vous croi-
rez qu'il y a du déshonneur à servir sur
des vaisseaux marchands ; je n'étois pas né
pour être matelot, ajouta-t-il, cependant
je me suis fait matelot pour apprendre la
manœuvre.

Où se sont formés un du Gay-Trouin,
un Jean-Barth, un Tourville, un Chevalier
Paul ? C'est dans la marine marchande :
c'est-là encore où l'on pourroit élever,
& former une multitude de Héros.
Rhuiter, l'immortel Rhuiter fut mousse
de vaisseau. Ces exemples en vérité doivent nous guérir de nos sots préjugés, &
de notre fol orgueil.

LETTRE CII.

Sur les prisons d'Etat, à son Chancelier.

COMME je serois injuste, Monsieur,
si je donnois des ordres pour soustraire un
citoyen de la société, & décider arbitrairement de son sort, soit qu'il fut accusé, ou
coupable, parce qu'alors je serois son accusateur, sa partie & son Juge, je veux qu'à

l'avenir la détention du moindre de mes
sujets, soit toujours soumise à l'inspection
des Tribunaux, remplis de Magistrats inté-
gres & fideles, qui ne peuvent & ne veulent comme moi que l'exécution des loix.
Car comme disoit, à un bon Prince, un de
ses Parlemens, les Ministres de la loi ne peuvent rien, s'ils n'ont la loi pour garant, & la
pluralité pour témoin; la loi est leur pensée,
ils sont la parole de la loi, ils disent en
votre nom ce que la loi a dit, & par conséquent ce que vous avez vous-même dit ;
puisque la loi est votre ouvrage, le pouvoir qu'ils excerçent vient immédiatement
de vous & retourne à vous : au contraire
une partie de votre autorité sort nécessai-
ment de vos mains, toutes les fois qu'elle
est confiée à titre d'administration, &
sur - tout dans tous les lieux où vous
n'êtes pas, & dans toutes les choses que
vous ne pouvez voir de vos propres yeux.
Celui qui l'exerce n'a point de pluralité
pour caution de sa sagesse, puisqu'il
l'exerce seul; il n'a point la loi pour garant
de sa conduite, puisque l'administration

s'étend sur des choses que la loi n'a point ordonné ; ce n'est point votre volonté qu'il exécute ; les détails que l'occasion fait naître n'ont pu vous être communiqués ; il est autorisé à la suppléer par sa propre volonté, & à la faire exécuter avec empire. Quelle facilité déja d'en abuser au gré de son ambition, de son intérêt, de ses passions ! Le même pouvoir qu'il a de faire le mal lui sert efficacement à empêcher qu'on ne vous en instruise ; que s'il obtient encore le pouvoir de faire taire la loi qui le surveille, que vous restera-t-il de votre autorité ? Alors investi de votre puissance, & décoré de deux qualités inconciliables, que n'entreprendra pas un tel homme ? Car enfin, Monsieur, pour me servir de l'expression d'un Romain, descendu du Trône, & qui ne voulut jamais quitter son jardin pour y remonter, il ne faut que quatre ou cinq courtisans bien unis entr'eux, & bien déterminés à tromper le Prince, pour y réussir, & pour lui arracher souvent des ordres injustes, ne montrant jamais les choses que par le seul côté qui peut les lui faire approuver ; ils lui cachent tout ce qui contribueroit à l'éclairer, & comme ils l'obsédent seuls, il ne peut être instruit que par eux, & ne sait pas ce qu'il leur plaît de lui dire. Il met en place ceux qu'il devroit en éloigner, il destitue ceux qu'il devroit conserver ; en un mot il arrive, par la conspiration d'un petit nombre de méchans, que le meilleur Prince est vendu malgré sa vigilance, & malgré même sa méfiance & ses soupçons. Car quels sont les motifs par lesquels, comme dit M. de Beccaria, on prétend justifier les accusations & les peines secretes ? La tranquillité publique, le maintien du Gouvernement. Il faut avouer que c'est une étrange constitution que celle où le Gouvernement, qui a déjà pour lui la force & l'opinion, craint encore chaque particulier ; la sûreté de l'accusateur, les loix ne le défendent donc pas suffisamment ? Il y a donc des sujets plus puissans que le Souverain & la loi ? La nécessité de sauver le délateur de l'infamie, c'est-à-dire que dans le même état, la calomnie publi-

que sera punie, & la calomnie secrete auto-
risée. La nature du délit, si les actions
indifférentes ou même utiles au bien public,
sont déférées & punies comme criminelles,
on a raison. L'accusation & le jugement ne
peuvent jamais être assez secrets; mais
peut-il y avoir un crime, c'est-à-dire une
violation des droits de la société, qu'il ne
soit pas de l'intérêt de tous de punir publiquement? Vous parcourerez donc, Monsieur, toutes les prisons, & après vous être
instruit sans partialité des raisons qui y re-
tiennent ces malheureux, vous élargirez ceux
que l'abus de l'autorité du Prince, ou la
vengeance des hommes en place, ou des
familles riches & accréditées, y ont fait
renfermer; pour ceux qui peuvent l'avoir
mérité par leurs crimes réels ou prétendus,
je chargerai mes tribunaux de vérifier s'ils
sont coupables, & de punir en même-temps
ceux qui ont si indignement abusé de mon
autorité, en privant une troupe de citoyens
honnêtes, de leur liberté, & qui, peut-être,
n'ont eu d'autre crime que celui de leur
avoir déplu. Conformez-vous, je vous

prie, à mes volontés ; mon regne eft celui
de la juftice & de la bonté, & je vous
affure que je ferois encore bien plus heureux, fi en ouvrant les prifons, je pouvois
également ouvrir les tombeaux.

LETTRE CIII.

Des Intendans.

POUR avoir, Monfieur, une notice
exacte de mon Royaume, & un dénombre-
ment jufte de mes peuples, vous affujettirez
tous les Intendans de chaque Province à
donner par colonnes un état du nombre
des habitans de chaque élection, des nobles,
des citoyens, des laboureurs, des artifans,
des manœuvres, des revenus de chaque
état, de ceux qui font pauvres, aifés ou
riches ; des beftiaux de toutes efpeces, des
bonnes, des médiocres & des mauvaifes
terres, de la façon de les cultiver, de les
améliorer, les dépenfes à ce fujet, & les
produits de la nature, de l'induftrie de tous
les états & du commerce qui s'y fait, s'il a

été autrefois plus ou moins confidérable, fi on pourroit l'augmenter, le bien qui en réfulteroit ; de tout le clergé, féculier & régulier ; de leurs revenus, de ceux des villes, de ceux des communautés ; des Magiſtrats, du nombre des charges, de la maniere de rendre la juſtice, des abus qui s'y font introduits, les moyens de les fup- primer ; de quelle façon fe fait la levée des impôts, les vexations à ce fujet, de quelle nature elles font, &c. Tous ces objets ne feront point confondus dans les mémoires qu'on enverra ; on y approfondira les ma- tieres pour juger des befoins & des reſſour- ces du mal, & du remede qu'on peut y appli- quer, & du bien que l'on pourra faire.

LETTRE CIV.

De la Loi.

LA Loi, M. le Chancelier, eſt la fom- me de la volonté de la fociété, réunie pour fixer la conduite de fes membres, ou pour diriger leurs actions, de maniere à concourir au but de l'aſſociation ; c'eſt

H iv

donc elle qui doit gouverner les hommes, & non les hommes la loi ; car si l'on ôtoit aux administrateurs cette mesure commune de leurs jugemens, il n'y auroit plus de droit, plus de sûreté, ni de liberté civile ; on ne verroit pour lors qu'une foule de décisions contradictoires, que des reglemens passagers, que des ordres qui, faute de maximes fondamentales, n'auroient aucune liaison entr'eux ; si l'on déchiroit le code des loix dans l'Empire, même le mieux constitué par sa nature, on verroit bientôt que ce n'est pas assez d'être juste pour le bien conduire. La sagesse des meilleures têtes n'y suffiroit pas ; comme elles n'auroient pas toutes le même esprit, & que l'esprit de chacun ne seroit pas toujours dans la même situation, l'Etat ne tarderoit pas à être bouleversé.

Lisez le mémoire Législateur qu'on m'a remis depuis quelques jours, vous y puiserez bien des choses utiles à mon Empire,

LETTRE CV.

Légiflateur.

LE Légiflateur eft celui qui a le pouvoir de donner ou d'abroger les loix. En France le Roi eft le Légiflateur ; à Genève, c'eft le peuple; à Venife, à Gènes, c'eft la Nobleffe; en Angleterre, ce font les deux Chambres & le Roi.

Tout Légiflateur doit fe propofer la fécurité de l'Etat & le bonheur des citoyens.

Les hommes, en fe réuniffant en fociété, cherchent une fituation plus heureufe que l'état de nature, qui avoit deux avantages, l'égalité & la liberté, & deux inconvéniens, la crainte de la violence, & la privation des fecours, foit dans les befoins néceffaires, foit dans les dangers. Les hommes pour fe mettre à l'abri de ces inconvéniens, ont confenti donc à perdre un peu de leur égalité & de leur liberté; & le Légiflateur a rempli fon objet, lorfqu'en ôtant aux hommes le moins qu'il eft poffible d'égalité& de liberté, il leur procure le plus qu'il est possible de sécurité & de bonheur.

Le Législateur doit donner, maintenir ou changer de loix constitutives ou civiles.

Les loix constitutives sont celles qui établissent l'espece du Gouvernement ; le Législateur, en donnant ces loix, aura égard à l'étendue de pays que possède la nation, à la nature de son sol, à la puissance des nations voisines, à leur génie & au génie de la sienne.

Un petit Etat doit être républicain ; les citoyens y sont trop éclairés sur leurs intérêts ; ces intérêts sont trop peu compliqués pour qu'ils veuillent laisser décider un Monarque qui ne seroit pas plus éclairé qu'eux ; l'Etat entier pourroit prendre, dans un moment, la même impression qui seroit souvent contraire aux volontés du Roi ; le peuple, qui ne peut constamment s'arrêter dans les bornes d'une juste liberté, seroit indépendant au moment où il voudroit l'être ; cet éternel mécontentement, attaché à la condition d'homme qui obéit, ne s'y borneroit pas aux murmures, & il

n'y auroit pas d'intervalle entre l'humeur
& la résolution.

Le Législateur verra que, dans un pays
fertile, & où la culture des terres occupe
la plus grande partie des habitans, ils doivent être moins jaloux de leur liberté,
parce qu'ils n'ont besoin que de tranquillité,
& qu'ils n'ont ni la volonté, ni le temps de
s'occuper des détails de l'administration.
D'ailleurs, comme dit le Président de
Montesquieu, quand la liberté n'est pas le
seul bien, on est moins attentif à la défendre ; par la même raison, des peuples qui
habitent des rochers, des montagnes, sont
moins disposés au gouvernement d'un seul ;
leur liberté est leur seul bien, & de plus,
s'ils veulent, par l'industrie & le commerce,
remplacer ce que leur refuse la nature, ils
ont besoin d'une extrême liberté.

Le Législateur donnera le Gouvernement d'un seul aux Etats d'une certaine
étendue ; leurs différentes parties ont trop
de peines à se réunir tout-à-coup pour y
rendre les révolutions faciles, la prompti-
tude des résolutions & de l'exécution, qui

est le grand avantage du Gouvernement
Monarchique, fait passer, quand il le faut
& dans un moment, d'une Province à
l'autre, les ordres, les châtimens & les
récompenses. Les différentes parties d'un
grand Etat sont unies sous le Gouvernement d'un seul, & dans une République
il se formeroit nécessairement des factions
qui pourroient la déchirer & la détruire;
d'ailleurs les grands Etats ont beaucoup de
voisins, donnent de l'ombrage, sont exposés à des guerres fréquentes, & c'est ici le
Gouvernement monarchique; c'est dans
la guerre, sur-tout, qu'il a de l'avantage
sur le Gouvernement républicain; il a pour
lui le secret, l'union, la célérité; il n'é-
prouve ni opposition, ni lenteur. Les
victoires des Romains ne prouvent rien
contre moi; ils ont soumis le monde, ou
barbare, ou divisé, ou amolli, & lorsqu'ils
ont eu des guerres qui mettoient la République en danger, ils se hâtoient de créer un
Dictateur, Magistrat plus absolu que nos
Rois. La Hollande conduite pendant la
paix par ses Magistrats, a créé des Stadhou-

ders dans ſes guerres contre l'Eſpagne &
contre la France.

Le Légiſlateur fait accorder les loix civiles avec les loix conſtitutives ; elles ne ſeront pas dans beaucoup de circonſtances les
mêmes dans une Monarchie que dans une
République , chez un peuple cultivateur ,
& chez un peuple commerçant ; elles chan-
geront ſelon les temps, les mœurs, les climats ; mais ces climats ont-ils autant d'in-
fluence ſur les hommes, que quelques
auteurs l'ont prétendu ? Et influent-ils
auſſi peu ſur nous que d'autres auteurs l'ont
aſſurée ? Cette queſtion mérite l'attention
du Légiſlateur.

Par-tout les hommes ſont ſuſceptibles
des mêmes paſſions, mais ils peuvent en
mettre beaucoup dans les ſenſations.

Les peuples du Nord ne reçoivent pas ,
comme les peuples du midi, les impreſſions
vives, & dont les effets ſont prompts &
rapides. La conſtitution robuſte, la chaleur
concentrée par le froid, le peu de ſubſtance
des alimens, font ſentir beaucoup au peuples du Nord , le beſoin public de la faim :

dans quelques pays froids & humides, les esprits animaux sont engourdis, & il faut aux hommes des mouvemens violens pour leur faire sentir leur existence.

Les peuples du Midi ont besoin d'une moindre qualité d'alimens, & la nature leur en fournit en abondance ; la chaleur du climat, & la vivacité de l'imagination les épuisent, & leur rendent le travail pénible.

Il faut beaucoup de travail & d'industrie pour se vêtir & se loger, de maniere à ne souffrir de la rigueur du froid ; & pour se garantir de la chaleur, il ne faut que des arbres, un hamac & du repos.

Les peuples du Nord doivent être occupés du soin de se procurer le nécessaire, & ceux du Midi sentir le besoin de l'amusement. Le Samoïede chasse, ouvre une caverne, coupe & transporte du bois pour entretenir du feu & des boissons chaudes ; il prépare des peaux pour se vêtir, tandis que le sauvage d'Afrique va tout nud, se désaltere dans une fontaine, cueille du fruit, & dort ou danse sous l'ombrage.

La vivacité des sens & de l'imagination des peuples du Midi, leur rend plus nécessaires, qu'aux peuples du Nord, les plaisirs physiques de l'amour; mais, dit le Président de Montesquieu, les femmes chez les peuples du Midi, perdant la beauté dans l'âge où commence la raison, ces peuples doivent faire moins entrer le moral dans l'amour, que les peuples du Nord où l'esprit & la raison accompagnent la beauté. Les Caffres, les peuples de la Guianne & du Brésil font travailler leurs femmes comme des bêtes, & les Germains les honoroient comme des Divinités.

La vivacité de chaque impression, & le peu de besoin de retenir & de combiner leurs idées, doivent être cause que les peuples Méridionaux auront peu de suite dans l'esprit, & beaucoup d'inconséquence; ils font conduits par le moment, ils oublient le temps, & facrifient la vie à un feul jour. Le Caraïbe pleure le soir de regret d'avoir vendu le matin son lit, pour s'enyvrer d'eau-de-vie.

On doit, dans le Nord, pour pourvoir

à des besoins qui demandent plus de combi-
naisons, d'idées, de persévérance & d'industrie, avoir dans l'esprit plus de suite, plus
de regle, de raisonnemens & de raison ;
on doit avoir dans le Midi des enthousiasmes
subits, des emportemens fougueux, des
terreurs paniques, des craintes & des espé-
rances sans fondement.

Il faut chercher ces influences du climat
chez des peuples encore sauvages, & dont
les uns soient situés vers l'équateur, & les
autres vers le cercle polaire. Dans les climats tempérés, & parmi des peuples qui
ne sont distans que de quelques degrés, les
influences du climat sont moins sensibles.

Le Législateur d'un peuple sauvage doit
avoir beaucoup d'égard au climat, & recti-
fier ses effets par sa législation, tant par
rapport aux subsistances, aux commodités,
que par rapport aux mœurs. Il n'y a point
de climat, dit M. Hume, où le Législateur ne puisse établir des mœurs fortes,
pures, sublimes, foibles & barbares. Dans
nos pays, depuis long-temps policés, le
Législateur, sans perdre le climat de vue,

aura

aura plus d'égard aux préjugés, aux opi-nions, aux mœurs établies; & felon que ces mœurs, ces opinions, ces préjugés répondent à fes deffeins ou leur font oppo-fés, il doit les combattre ou les fortifier par fes loix. Il faut chez les peuples d'Eu-rope chercher les caufes des préjugés, des ufages, des mœurs & de leur contrarieté, non-feulement dans le Gouvernement fous lequel ils vivent, mais auffi dans la diver-fité des Gouvernemens fous lefquels ils ont vêcu, & dont chacun a laiffé fa trace. On trouve parmi nous des vefliges des anciens Celtes, on y voit des ufages qui nous vien-nent des Romains, d'autres nous ont été apportés par les Germains, par les Anglais & par les Arabes, &c.

Pour que les hommes fentent, le moins qu'il eft poffible, qu'ils ont perdu les deux avantages de l'état de nature, l'égalité & l'indépendance, le Légiflateur, dans tous les climats, dans toutes les circonftances, dans tous les Gouvernemens, doit fe propofer de changer l'efprit de propriété en efprit de communauté; les Légiflations font plus ou

moins parfaites, felon qu'elles tendent
plus ou moins à ce but, & c'eft à mefure
qu'elles y parviennent le plus, qu'elles pro-
curent le plus de fécurité & de bonheur
poffibles. Chez un peuple où regne l'efprit
de communauté, l'ordre du Prince ou du
Magiftrat ne paroît pas l'ordre de la patrie ;
chaque homme y devient, comme dit
Metaftaze, *compagno delle lege e non
fequace*, l'ami & non l'efclave des loix.
L'amour de la patrie eft le feul objet de la
paffion qui réuniffe les rivaux, il éteint
les divifions ; chaque citoyen ne voit dans
un citoyen qu'un membre utile à l'Etat ;
tous marchent enfemble & contens vers
le bien commun. L'amour de la patrie donne le plus noble de tous les ouvrages ; on fe
facrifie à ce qu'on aime : l'amour de la
patrie étend les vues, parce qu'il les porte
vers mille objets qui intéreffent les autres ;
il éleve l'ame au-deffus des petits intérêts ;
il l'épure, parce qu'il lui rend moins néceffaire ce qu'elle ne pourroit obtenir fans
injuftice ; il lui donne l'enthoufiafme de la
vertu. Un Etat animé de cet efprit ne

menace pas ſes voiſins d'invaſions, & ils
n'ont rien à craindre. Nous venons de voir
qu'un Etat ne peut s'étendre, ſans perdre
de ſa liberté, & qu'à meſure qu'il recule
ſes bornes, il faut qu'il cède une plus grande autorité à un plus petit nombre d'hommes, ou à un ſeul, juſqu'à ce qu'enfin
devenu un grand Empire, les loix, la
gloire & le bonheur des peuples aillent ſe
perdre dans le deſpotiſme. Un Etat où
regne l'amour de la patrie, craint ce malheur, le plus grand de tous, reſte en paix,
& y laiſſe les autres. Voyez les Suiſſes, ce
peuple citoyen, reſpecté de l'Europe entiere, entouré de nations plus puiſſantes
que lui, doit ſa tranquillité à l'eſtime &
à la confiance de ſes voiſins, qui connoiſ-
ſent ſon amour pour la paix, pour la
liberté & pour la patrie. Si le peuple où
regne cet eſprit de communauté, ne regrette
point d'avoir ſoumis ſa volonté à la volonté générale; s'il ne ſent point le poids de
la loi, il ſent encore moins celui des impôts; il paye peu, il paye avec joie. Le
peuple heureux ſe multiplie, & l'extrême

population devient une cause nouvelle de sécurité & de bonheur.

Dans la législation, tout est lié, tout dépend l'un de l'autre, l'effet d'une bonne loi s'étend sur mille objets étrangers à cette loi ; un bien procure un bien, l'effet réagit sur la cause, l'ordre général maintient toutes les parties, & chacun influe sur l'autre & sur l'ordre général, l'esprit de communauté, répandu dans le tout, fortifie, lie & vivifie le tout.

Dans les Démocraties, les citoyens, par les loix constitutives, étant plus libres & plus égaux que dans les autres Gouvernemens ; dans les Démocraties, où l'Etat, par la part que le peuple prend aux affaires, est réellement la possession de chaque particulier, où la foiblesse de la patrie augmente le patriotisme, où les hommes, dans une communauté de périls, deviennent nécessaires les uns aux autres, & où la vertu de chacun d'eux se fortifie, & jouit de la vertu de tous ; dans les Démocraties, dis-je, il faut moins d'art & moins de soins que dans les Etats où la puissance & l'adminiftration. Voyez en nous le germe des paffions qui nous oppofent à nos fembla-bles, tantôt comme rivaux, tantôt comme ennemis; voyez en nous le germe des paf-fions qui nous uniffent à la fociété : c'eft au Légiflateur à réprimer les unes, à exciter les autres ; c'eft en excitant ces paffions fociales, qu'il difpofera les citoyens à l'ef-prit de communauté.

Il peut, par des loix qui impofent aux citoyens de fe rendre des fervices mutuels, leur faire une habitude de l'humanité; il peut, par des loix, faire de cette vertu, un des refforts principaux de fon Gouverne-ment. Je parle d'un poffible, & je le dis poffible, parce qu'il a été réel fous l'autre hémifphere. Les loix du Pérou tendoient à unir les citoyens par les chaînes de l'huma-nité; & comme dans les autres légiflations, elles défendent aux hommes de fe faire du mal, au Pérou elles leur ordonnoient fans ceffe de fe faire du bien ; ces loix en éta-bliffant (autant qu'il eft poffible, hors de l'état de la nature) la communauté des biens, affoibliffoient l'efprit de propriété, fource de tous les vices. Les beaux jours, les jours de fête étoient, au Pérou, les jours où on cultivoit les champs de l'Etat, le champ du vieillard, ou celui de l'orphelin ; chaque citoyen travailloit pour la maſſe des citoyens, il dépoſoit le fruit de ſon travail dans les magaſins de l'Etat ; il recevoit pour récompenſe le fruit du travail des autres. Ce peuple n'avoit d'ennemis que les hommes capables du mal ; il attaquoit les peuples voiſins, pour leur ôter des uſages barbares. Les Incas vouloient attirer toutes les nations à leurs mœurs aimables ; en combattant les antropophages mêmes, ils évitoient de les détruire, & ils ſembloient chercher moins la ſoumiſſion, que le bonheur des vaincus.

Le Légiſlateur peut établir un rapport de bienveillance de lui à ſon peuple, & de ſon peuple à lui, & par-là étendre l'eſprit de communauté. Le peuple aime le Prince qui s'occupe de ſon bonheur ; le Prince aime les hommes qui lui confient leur deſtinée ; il aime les témoins de ſes vertus, les organes de ſa gloire. La bienvei-

(135)

lance fait de l'Etat une famille qui n'obéit
qu'à l'autorité paternelle : fans la fuperfti-
tion qui abrutiſſoit fon fiecle, & rendoit
fes peuples féroces, que n'auroit pas fait
en France un Prince comme Henry IV.
Dans tous les temps, dans toutes les Monarchies, les Princes habiles ont fait ufage du
reſſort de la bienveillance. Le plus grand
éloge qu'on puiſſe faire d'un Roi, eſt celui
qu'un Hiſtorien Danois, fait de Canut-
le-bon; il vêcut avec fes peuples, comme
un pere avec fes enfans ; l'amitié, la bien-
faiſance, la reconnoiſſance, feront-nécef-
fairement des vertus communes dans un
Gonvernement, dont la bienveillance eſt
un des principaux reſſorts ; ces vertus ont
compoſé les mœurs Chinoifes, jufqu'au
regne de Chi-t-Sou. Quand les Empereurs
de cet Empire, trop vafte pour une Monarchie réglée, ont commencés à y faire fentir la crainte ; quand ils ont moins fait
dépendre leur autorité de l'amour des peuples, que de leurs foldats tartares, les
mœurs Chinoifes ont ceſſés d'être pures,
mais elles font reſtées douces.

I iv

On ne peut imaginer quelle force, quelle activité, quel enthousiasme, quel courage peut répandre dans le peuple cet esprit de bienveillance, & combien il intéresse toute la nation à la communauté; j'ai du plaisir à dire qu'en France on en a vu des exemples plus d'une fois. La bienveillance est le seul remede aux abus inévitables dans ces Gouvernemens, qui, par leurs constitutions, laissent le moins de liberté aux citoyens, & le moins d'égalité entr'eux. Les loix constitutives & civiles inspireront moins la bienveillance, que la conduite du Légiflateur, & les formes avec lesquelles on annonce & on exécute ses volontés.

Le Légiflateur excitera le fentiment de l'honneur, c'est-à-dire, le defir de l'estime de foi-même & des autres, le defir d'être honoré, d'avoir des honneurs. C'est un reffort néceffaire dans tous les Gouvernemens, mais le Légiflateur aura foin que ce fentiment foit comme à Sparte & à Rome, uni à l'esprit de communauté, & quel citoyen attaché à fon propre honneur &

à sa propre gloire, le soit, s'il se peut, davantage à l'honneur & à la gloire de sa patrie. Il y avoit à Rome un temple de l'honneur; mais on ne pouvoit y entrer, qu'en passant par le temple de la vertu. Le sentiment de l'honneur, séparé de l'amour de la patrie, peut rendre les citoyens capables de grands efforts pour elle, mais il ne les unit pas entr'eux; au contraire il multiplie par eux les objets de jalousie : l'intérêt de l'Etat est quelquefois sacrifié à l'honneur d'un seul citoyen, & l'honneur les porte tous, plus à se distinguer les uns des autres, qu'à concourir, sous le joug des devoirs, au maintien des loix & au bien général.

Le Législateur doit-il faire usage de la religion comme d'un ressort principal dans la machine du Gouvernement ?

Si cette religion est fausse, les lumieres, en se répandant parmi les hommes, feront connoître la fausseté, non pas à la derniere classe du peuple, mais au premier ordre des citoyens, c'est-à-dire, aux hommes destinés à conduire les autres, & qui leur doivent l'exemple du patriotifme & des vertus : or, fi la religion avoit été la fource de leurs vertus, une fois défabufés de cette religion, on les verroit changer leurs mœurs, ils perdroient un frein & un motif, & ils feroient détrompés.

Si cette religion eft la vraie, il peut s'y mêler de nouveaux dogmes, de nouvelles opinions ; & cette nouvelle maniere de penfer peut être oppofée au Gouvernement. Or, fi le peuple eft accoutumé d'obéir par la force de la religion, plus que par celle des loix, il fuivra le torrent de fes opinions, & il renverfera la conftitution de l'Etat, ou il n'en fuivra plus l'impulfion. Quels ravages n'ont pas fait en Weftphalie les Anabatiftes ?

Le carême des Abiffins les affoiblifloit au point de les rendre incapables de foute-nir les travaux de la guerre. Ne font-ce pas les Puritains qui ont conduit le malheu-reux Charles I fur l'échafaud ? Les Juifs n'ofoient combattre le jour du Sabat.

Si le Légiflateur fait de la religon un ref-fort principal de l'Etat, il donne néceffai-

rement trop de crédit aux Prêtres qui pren-
dront bientôt de l'ambition. Dans le pays
où le Légiſlateur a, pour ainſi dire, amalga-
mé la Religion avec le gouvernement, on a
vu les Prêtres, devenus importans, favoriſer le deſpotiſme pour augmenter leur propre autorité ; & cette autorité une fois établie, menacer le deſpotiſme , & lui diſpu-
ter la ſervitude des peuples.

Enfin la Religion ſeroit un reſſort dont le
Légiſlateur ne pourroit jamais prévoir tous
les effets, & dont rien ne peut l'aſſurer
qu'il ſeroit toujours le maître : cette raiſon
ſuffit pour qu'il rende les loix principales ,
ſoit conſtitutives, ſoit civiles, & leur exécution indépendante du culte & des dogmes
religieux ; mais il doit reſpecter, aimer la
Religion, & la faire aimer & reſpecter.

Le Légiſlateur ne doit jamais oublier la
diſpoſition de la nature humaine à la ſuperſ-
tition ; il peut compter qu'il y en aura dans
tous les temps, & chez tous les peuples ;
elle ſe mêlera même toujours à la véritable Religion. Les connoiſſances, les progrès
de la raiſon ſont les meilleurs remedes

contre cette maladie de notre espece ; mais comme, jusqu'à un certain point elle est in-curable, elle mérite beaucoup d'indulgence.

La conduite des Chinois, à cet égard, me paroît excellente. Des Philosophes sont ministres du Prince, & les Provinces sont couvertes de Pagodes & de Dieux : on n'use jamais de rigueur envers ceux qui les adorent ; mais lorsqu'un Dieu n'a pas exaucé les vœux des peuples, & qu'ils en sont mécontens, au point de se permettre quelque doute sur sa Divinité, les Mandarins saississent ce moment pour abolir une superstition, ils brisent le Dieu, & renversent le temple.

L'éducation des enfans sera pour le Législateur un moyen efficace pour attacher les peuples à la patrie, pour leur inspirer l'esprit de communauté, l'humanité, la bienveillance, les vertus publiques, les vertus privées, l'amour de l'honnêteté & les passions utiles à l'Etat ; enfin pour leur donner, pour leur conserver la sorte de caractere, de génie qui convient à la nation. Par-tout où le Législateur a

eu foin que l'éducation fut propre à infpi-
rer à fon peuple le caractere qu'il devoit
avoir, ce caractere a eu de l'énergie, &
a duré long-temps. Dans l'efpace de 500
ans il ne s'eft prefque pas fait de change-
ment dans les mœurs étonnantes de Lacédemone. Chez les anciens Perfes, l'éducation leur faifoit aimer la Monarchie &
leurs loix; c'eft fur-tout à l'éducation que
les Chinois doivent l'immutabilité de leurs
mœurs. Les Romains furent long-temps à
n'apprendre à leurs enfans, que l'agriculture, la fcience militaire & les loix de
leur pays; ils ne leur infpiroient que
l'amour de la frugalité, de la gloire & de
la patrie; ils ne donnoient à leurs enfans
que leurs connoiffances & leurs paffions.
Il y a des vertus & des connoiffances qui
doivent être communes à tous les ordres,
& à tous les claffes; il y a des vertus & des
connoiffances qui font plus propres à certains états, & le Légiflateur doit faire veiller à ces détails importans : c'eft fur-tout
aux Princes & aux hommes qui doivent
tenir un jour dans leurs mains la balance

de nos deſtinées, que l'éducation doit apprendre à gouverner une nation de la maniere dont elle veut, dont elle doit l'être.
En Suede le Roi n'eſt pas le maître de
l'éducation de ſon fils; il n'y a pas long-
temps, qu'à l'aſſemblée des Etats de ce
Royaume, un Sénateur dit au Gouverneur
de l'héritier de la Couronne, conduiſez le
Prince dans la cabane de l'indigence labo-
rieuſe, faites-lui voir de près le malheureux, & apprenez-lui que ce n'eſt pas pour
ſervir aux caprices d'une douzaine de Souverains, que les peuples de l'Europe ſont
faits.

Quand les loix conſtitutives & civiles
les formes, l'éducation ont contribué à
aſſurer la défenſe, la ſubſiſtance de l'Etat,
la tranquillité des citoyens & les mœurs;
quand le peuple eſt attaché à la patrie, & a
pris la ſorte de caractere la plus propre au
Gouvernement ſous lequel il doit vivre, il
s'établit une maniere de penſer, qui ſe per-
pétue dans ſa nation; tout ce qui tient à
la conſtitution & aux mœurs, paroît ſacré,
l'eſprit du peuple ne ſe permet pas d'exa-

miner l'utilité d'une loi ou d'un ufage : on n'y difcute ni le plus, ni le moins de nécef-fité des devoirs ; on ne fait que les refpec-ter & les fuivre ; & fi on raifonne fur leurs bornes, c'eft moins pour les refferrer que pour les étendre : c'eft alors que les citoyens ont des principes qui font les regles de leur conduite, & le Légiflateur ajoute à l'auto-rité que lui donnent les loix, celle de l'opi-nion ; cette autorité de l'opinion entre dans tous les Gouvernemens, & les con-folide ; c'eft par elle que, prefque par-tout, le grand nombre mal conduit, ne murmure pas d'obéir au petit nombre ; la force réelle eft dans les fujets ; mais l'opinion fait la force des maîtres, cela eft vrai juf-ques dans les Etats defpotiques. Si les Empereurs de Rome & les Sultans des Turcs ont regné par la crainte fur le grand nombre de leurs fujets, ils avoient pour s'en faire craindre, des Prétoriens & des Janniffaires, fur lefquels ils regnoient par l'opinion ; quelquefois elle n'eft qu'une idée répandue, que la famille regnante a un droit réel au Trône ; quelquefois elle tient à la Religion, souvent à l'idée qu'on s'est faite de la grandeur de la puissance qui opprime : la seule vraiment solide est celle qui est fondée sur le bonheur & l'approbation des citoyens.

Le pouvoir de l'opinion augmente encore par l'habitude, s'il n'est affoibli par des secousses imprévues, des révolutions subites, & de grandes fautes.

C'est par l'administration que le Législateur conserve la puissance, le bonheur & le génie de son peuple ; sans une bonne administration, les meilleures loix ne sauvent ni les Etats de leur décadence, ni les peuples de la corruption.

Comme il faut que les loix ôtent au citoyen le moins de liberté qu'il est possible, & laissent, le plus qu'il est possible, de l'égalité entr'eux ; dans les Gouvernemens où les hommes sont le moins égaux, il faut que par l'administration, le Législateur leur fasse oublier ce qu'ils ont perdu des deux grands avantages de l'état de nature ; il faut qu'il consulte sans cesse le desir de la nation, qu'il expose aux yeux du public les

détails

détails de l'adminiſtration , qu'il lui rende compte de ſes graces, il doit même engager les peuples à s'occuper du Gouvernement, à le diſcuter, à en ſuivre les opérations, & c'eſt un moyen de les attacher à la patrie ; il faut, dit un Roi qui écrit, vit & regne en philoſophe, que le Légiſlateur perſuade au peuple que la loi ſeule peut tout, & que la fantaiſie ne peut rien.

Le Légiſlateur diſpoſera ſon peuple à l'humanité, par la bonté & les égards avec leſquels il traitera tout ce qui eſt homme, ſoit citoyen, ſoit étranger, en encourageant les inventions & les hommes utiles à la nature humaine, par la pitié dont il donnera des preuves aux malheureux, par l'attention à éviter la guerre & les dépenſes ſuperflues ; & enfin par l'eſtime qu'il accordera lui-même aux hommes connus par leur bonté.

La même conduite, qui contribue à répandre parmi ſon peuple le ſentiment d'humanité, excite pour lui ce ſentiment de bienveillance, qui eſt le lien de ſon peuple à lui ; quelquefois il excitera ce ſenti-

K

ment par des sacrifices éclatans de son intérêt personnel à l'intérêt de sa nation, en
préférant, par exemple, pour les graces,
l'homme utile à la patrie, à l'homme qui
n'est utile qu'à lui. Un Roi de la Chine
ne trouvant pas son fils digne de lui succé-
der, fit passer son sceptre à son Ministre,
& dit : j'aime mieux que mon fils soit mal,
que mon peuple. A la Chine, les Edits
des Rois sont les exhortations d'un pere à
ses enfans ; il faut que les Edits instruisent,
exhortent autant qu'ils commandent :
c'étoit autrefois l'usage de nos Rois, & ils
ont perdu à le négliger. Le Législateur ne
sauroit donner à tous les ordres de l'Etat,
trop de preuves de sa bienveillance. Un
Roi de Perse admettoit les laboureurs à sa
table ; & il disoit, je suis un d'entre vous ;
vous avez besoin de moi, j'ai besoin de
vous ; vivons en freres.

C'est en distribuant justement & à propos les honneurs, que le Législateur ani-
mera le sentiment de l'honneur, & qu'il
le dirigera vers le bien de l'Etat. Quand
les honneurs seront une récompense de

la vertu , l'honneur portera aux actions vertueuses.

Le Légiflateur tient dans fes mains deux rênes avec lefquelles il peut conduire à fon gré les paffions ; je veux dire les peines & les récompenfes. Les peines ne doivent être impofées qu'au nom de la loi, par les Tribunaux ; mais le Légiflateur doit fe réferver le pouvoir de diftribuer librement une partie des récompenfes.

Dans un pays où la conftitution de l'Etat intéreffe les citoyens au Gouvernement, où l'éducation & l'adminiftration ont gravé dans les hommes les principes & les fentimens patriotiques & l'honneur, il fuffit d'infliger au coupable les peines les plus légeres, c'eft affez qu'elles indiquent que le citoyen puni a commis une faute, les regards de fes concitoyens ajoutent à fon châtiment. Le Légiflateur eft le maître d'attacher les peines les plus graves aux vices les plus dangereux pour fa nation ; il peut faire confidérer comme des peines les avantages réels, mais vers lefquels il eft utile que les defirs de la nation ne fe por-

tent pas ; il peut même faire confidérer
aux hommes, comme des peines véritables
ce qui, dans d'autres pays, pourroit fervir de récompenfes. A Sparte, après certaines fautes, il n'étoit plus permis à un
citoyen de prêter fa femme. Chez les Péru-
viens, le citoyen auquel il auroit été défendu de travailler au champ du public,
auroit été un homme très-malheureux ;
fous ces légiflations fublimes, un homme fe
trouvoit puni, quand on le ramenoit à fon
intérêt perfonnel, & à l'efprit de propriété.
Les nations font avilies quand les fupplices, ou la privation des biens, deviennent
des châtimens ordinaires ; c'eft une preuve
que le Légiflateur eft obligé de punir ce
que la nation ne puniroit plus. Dans les
Républiques la loi doit être douce, parce
qu'on n'en difpenfe jamais. Dans les
Monarchies elle doit être plus févere,
parce que le Légiflateur doit faire aimer fa
clémence, en pardonnant malgré la loi.
Cependant chez les Perfes, avant Cyrus,
les loix étoient fort douces, elles ne con-
damnoient à la mort ou à l'infamie que

les citoyens qui avoient fait plus de mal que de bien.

Dans les pays où les peines peuvent être légeres, des récompenses médiocres suffisent à la vertu : elle est bien foible & bien rare quand il faut la payer. Les récompenses peuvent servir à changer l'esprit de propriété en esprit de communauté, 1°. lorsqu'elles sont accordées à des preuves de cette derniere sorte d'esprit, 2°. en accoutumant les citoyens à regarder, comme des récompenses, les nouvelles occasions qu'on leur donne, de sacrifier l'intérêt personnel à l'intérêt de tous.

Le Légiflateur peut donner un prix infini à sa bienveillance, en ne l'accordant qu'aux hommes qui ont bien servi l'Etat.

Si les rangs, les prééminences, les honneurs ont toujours le prix des services, & s'ils imposent le devoir d'en rendre de nouveaux, ils n'exciteront point l'envie de la multitude; elle ne sentira point l'humanité de l'inégalité des rangs; le Légiflateur lui donnera d'autres consolations sur cette inégalité des richesses, qui est un effet inévitable à la grandeur des Etats ; il faut qu'on ne puisse parvenir à l'extrême opulence, que par une induſtrie qui enrichiſſe l'Etat, & jamais aux dépens du peuple ; il faut faire tomber les charges de la ſociété ſur les hommes riches qui jouiſſent des avantages de la ſociété. Les impôts entre les mains d'un Légiſlateur qui adminiſtre bien, ſont un moyen d'abolir certains abus, une induſtrie funeſte ou des vices ; ils peuvent être un moyen d'encourager le genre d'induſtrie le plus utile, d'exciter certains talens, certaines vertus.

Le Légiſlateur ne regardera pas comme une choſe indifférente l'étiquette, les cérémonies ; il doit frapper la vue, celui des ſens qui agit le plus ſur l'imagination. Les cérémonies doivent réveiller dans le peuple le ſentiment de reſpect pour la puiſſance du Légiſlateur ; mais on doit auſſi les lier avec l'idée de la vertu ; elles doivent rappeller le ſouvenir des belles actions, la mémoire des Magiſtrats, des guerriers illuſtres, des bons citoyens. La plupart des cérémonies, des étiquettes de nos Gouver-

nemens modérés de l'Europe, ne convien-
droient qu'aux Defpotes de l'Afie, & beaucoup font ridicules, parce qu'elles n'ont
plus avec les mœurs & les ufages, les rap-
ports qu'elles avoient au temps de leurs
inftitutions ; elles étoient refpectables,
elles font rire.

Le Légiflateur ne négligera pas les manieres ; quand elles ne font plus l'expreffion
des mœurs, elles en font le frein ; elles forcent les hommes à paroître ce qu'ils devroient être, & fi elles ne remplacent
qu'imparfaitement les mœurs, elles ont
pourtant fouvent les mêmes effets : c'eft
du lieu de la réfidence du Légiflateur, c'eft
par fes exemples, par celui des hommes
refpectés, que les manieres fe répandent
dans le peuple.

Les jeux publics, les fpectacles, les affemblées feront un moyen dont le Légiflateur
fe fervira pour unir entr'eux les citoyens.
Le prix des Grecs, les confrairies des
Suiffes, les cotteries d'Angleterre, nos
fêtes, nos fpectacles répandent l'efprit de
fociété, qui contribue à l'efprit de patriof-

tifme. Ces affemblées d'ailleurs accoutu-
ment les hommes à fentir le prix des regards
& du jugement de la multitude; elles aug-
mentent l'amour de la gloire, & la crainte
de la honte; il ne fe fépare de ces affemblées,
que le vice timide, ou la prétention fans
fuccès; enfin quand elles n'auroient d'utilité que de multiplier nos plaifirs, elles
mériteroient encore l'attention du Légiflateur.

En fe rappellant les objets & les principes de toute légiflation, il doit en proportion de ce que les hommes ont perdu
de leur liberté & de leur égalité, les dé-
dommager par une jouiffance tranquille de
leurs biens, & une protection contre l'autorité qui les empêche de defirer un
Gouvernement moins abfolu, où l'avantage du plus de liberté eft prefque toujours
troublé par l'inquiétude de la perdre.

Si le Légiflateur ne refpecte, ni ne con-
fulte la volonté générale, s'il fait fentir
fon pouvoir plus que celui de la loi, s'il
traite l'homme avec orgueil, le mérite avec
indifférence, le malheureux avec dureté;

s'il facrifie fes fujets à fa famille, les finances à fes fantaifies, la paix à fa gloire ; fi
fa faveur eft accordée à l'homme qui fait
plaire plus qu'à l'homme qui peut fervir ;
fi les honneurs, fi les places font obfcenes
par l'intrigue ; fi les impôts fe multiplient,
alors l'efprit de communauté difparoît,
l'impatience faifit le citoyen d'une République, la langueur s'empare du citoyen
de la Monarchie ; il cherche l'Etat, & ne
voit plus que la proie d'un maître ; l'activité fe rallentit, l'homme prudent refte
oifif, l'homme vertueux n'eft que dupe ;
le voile de l'opinion tombe , les principes
nationnaux ne paroiffent plus que des préjugés, & ils ne font en effet que cela. On
fe rapproche de la loi de nature, parce que
la légiflation en bleffe les droits ; il n'y a
plus de mœurs, la nation perd fon caractere ; le Légiflateur eft étonné d'être mal
fervi, il augmente les récompenfes ; mais
celles qui flattoient la vertu, ont perdu
leur prix, qu'elles ne tenoient que de l'opinion : aux paffions nobles qui animoient
autrefois les peuples, le Légiflateur ef-

saye de substituer la cupidité & la crainte, & il augmente encore dans la nation les vices & l'avilissement. Si, dans sa perversité, il conserve ces formules, ces expressions de bienveillance avec lesquelles leurs prédécesseurs annonçoient leurs volontés utiles, s'il conserve le langage d'un père avec la conduite d'un despote, il joue le rôle d'un charlatan méprisé d'abord, & bientôt imité ; il introduit dans la nation la fausseté & la perfidie, & comme dit le Guarini, *viso di carita, mente d'invidia.*

Quelquefois le Législateur voit la constitution de l'Etat se dissoudre, & le génie des peuples s'éteindre, parce que la législation n'avoit qu'un objet, & que cet objet venant à changer, les mœurs d'abord, & bientôt les loix n'ont pu rester les mêmes. Lacédemone étoit instituée pour conserver la liberté au milieu d'une foule de petits Etats plus petits qu'elle, parce qu'ils n'avoient pas ses mœurs ; mais il lui manquoit de pouvoir s'aggrandir sans se détruire. L'objet de la Chine étoit la tranquillité des citoyens par l'exercice des vertus douces : ce grand Empire n'auroit pas été la proie de quelques hordes de Tartares, si les Légiſlateurs y avoient animé & entretenu les vertus fortes, & si on y avoit autant penſé à élever l'ame qu'à la régler. L'objet de la légiſlation de Rome étoit trop l'aggrandiſſement ; la paix étoit pour les Romains un état de trouble, de factions & d'anarchie ; ils ſe dévorerent quand ils n'eurent plus le monde à dompter. L'objet de la légiſlation de Veniſe eſt de tenir trop le peuple dans l'eſclavage ; on l'amollit, on l'avilit, & la ſageſſe, tant vantée de ce Gouvernement n'eſt que l'art de ſe maintenir ſans puiſſance & ſans vertus.

Souvent un Légiſlateur borné délie les reſſorts du Gouvernement, & dérange ſes principes, parce qu'il n'en voit point aſſez l'enſemble, & qu'il donne tous ſes ſoins à la partie qu'il voit ſeul, ou qui tient de plus près à ſon goût particulier & à ſon caractere.

Le conquérant, avide de conquêtes, négligera la juriſprudence, le commerce, les arts ; un autre excite la nation au commerce, & néglige la guerre ; un troisieme favorise trop les arts de luxe, & les arts utiles font avilis, ainfi du refte. Il n'y a point de nation, du moins de grande nation, qui ne puiffe être à la fois fous un bon Gouvernement, guerriere, commerçante, favante & polie. Je vais terminer cet article, déja trop long par quelques réflexions fur l'état préfent de l'Europe.

Le fyftême d'équilibre, qui, d'une multitude d'Etats n'en fait qu'un feul corps, influe fur les réfolutions de tous les Légiflateurs. Les loix conftitutives, les loix civiles, l'adminiftration font plus liées aujourd'hui avec le droit des gens, & même en font plus dépendantes qu'elles ne l'étoient autrefois ; il ne fe paffe plus rien dans un Etat, qui n'intéreffe tous les autres, & le Légiflateur d'un Etat puiffant influe fur la deftinée de l'Europe entiere.

De cette nouvelle fituation des hommes il réfulte plufieurs conféquences.

Par exemple, il peut y avoir de petites Monarchies & de grandes Républiques. Dans les premieres, le Gouvernement y fera maintenu par des affociations, des alliances, & par le fyftême général. Les petits Princes d'Allemagne & d'Italie, font des Monarques, & fi leurs peuples fe laf-foient de leur Gouvernement, ils feroient réprimés par les Souverains des grands Etats; les diffentions, les partis inféparables des grandes Républiques ne pourroient aujourd'hui les affoiblir au point de les expofer à être envahies. Perfonne n'a pro-fité des guerres civiles de la Suiffe & de la Pologne; plufieurs Puiffances fe ligueront toujours contre celle qui voudra s'aggrandir. Si l'Efpagne étoit une République, & qu'elle fut menacée par la France, elle feroit dé-fendue par l'Angleterre, la Hollande, &c.

Il y a aujourd'hui en Europe une impof-fibilité morale de faire des conquêtes, & de cette impoffibilité, il eft jufqu'à pré-fent réfulté, pour les peuples, plus d'incon-véniens, peut-être, que d'avantages. Quel-ques Légiflateurs fe font négligés fur la par-tie de l'adminiftration, qui donne de la force aux Etats; & on a vu de grands Royaumes, fous un ciel favorable, languir fans richeffes & fans puiffances.

D'autres Légiſlateurs n'ont regardé les conquêtes que comme difficiles, & point comme impoſſibles ; leur ambition s'eſt occupée à multiplier les moyens de conquérir ; les uns ont donné à leurs Etats une forme militaire, & ne laiſſent preſque à leurs ſujets de métier à faire que celui de ſoldat ; d'autres entretiennent, même en paix, des armées de mercenaires qui ruinent les finances, & favoriſent le deſpotiſme ; des magiſtrats & quelques licteurs feroient obéir aux loix, & il faut des armées immenſes pour ſervir un maître. C'eſt là le principal objet de la plupart de nos Légiſlateurs, & pour le remplir ils ſe voient obligés d'employer les triſtes moyens des dettes & des impôts.

Quelques Légiſlateurs ont profité du progrès des lumieres, qui, depuis cinquante années, ſe ſont répandues rapidement d'un bout de l'Europe à l'autre ; elles ont éclairé ſur les détails de l'adminiſtration, ſur les moyens de favoriſer la population, d'exciter l'induſtrie, de conſerver les avantages, de favoriſer la ſituation, & de s'en procurer de nouveaux. On peut croire que les lumieres confervées par l'imprimerie ne peuvent s'éteindre, & peuvent encore augmenter. Si quelque defpote vouloit réplonger fa nation dans les ténébres, il fe trouvera des nations libres qui lui rendront le jour.

Dans les fiécles éclairés, il eft impoffible de fonder une légiflation fur des erreurs, la charlatannerie même, & la mauvaife foi des miniftres, font d'abord apperçues, & ne font qu'exciter l'indignation : il eft également difficile de répandre un fanatifme deftructeur, tel que celui des difciples d'Odin & de Mahomet ; on ne feroit recevoir aujourd'hui chez aucun peuple de l'Europe, des préjugés contraires au droit des gens & aux loix de la nature.

Tous les peuples ont aujourd'hui des idées affez juftes de leurs voifins, & par conféquent ils ont moins, que dans le temps d'ignorance, l'enthoufiafme de la patrie ; il n'y a gueres d'enthoufiafme quand il y a beaucoup de lumiere ; il eft prefque toujours le mouvement d'une ame plus paſſionnnée qui'inſtruite ; les peuples en comparant dans toutes les nations les loix aux loix, les talens aux talens, les mœurs aux mœurs, trouveront ſi peu de raiſon de ſe préférer à d'autres, que, s'ils conſervent pour la patrie cet amour, qui eſt le fruit de l'intérêt perſonnel, ils n'auront plus du moins cet enthouſiaſme, qui eſt le fruit d'une eſtime excluſive.

On ne pourroit aujourd'hui, par des ſuppoſitions, par des imputations, par des artifices politiques, inſpirer des haines nationnales, auſſi vives qu'on en inſpiroit autrefois; les libelles ne font gueres d'effets que ſur une foible & vile partie des habitans d'une Capitale, qui renferme la derniere des populaces, & le premier des peuples.

La Religion, de jour en jour plus éclairée, nous apprend qu'il ne faut point haïr ceux qui ne penſent pas comme nous. On ſait diſtinguer aujourd'hui l'eſprit ſublime de la Religion, des ſuggeſtions de ſes Miniſtres; nous avons vu de nos jours les

Puiſſances

Puissances proteſtantes en guerre avec les Puiſſances catholiques, & aucune ne réuſ‑ſir dans le deſſein d'inſpirer aux peuples ce zele brutal & féroce qu'on avoit autre‑fois l'un contre l'autre, même pendant la paix, chez les peuples de différentes ſectes.

Tous les hommes de tous les pays ſe ſont devenus néceſſaires pour l'échange des fruits de l'induſtrie, & des productions de leur ſol. Le commerce eſt pour les hom‑mes un lien nouveau ; chaque nation a intérêt aujourd'hui qu'une autre nation conſerve ſes richeſſes, ſon induſtrie, ſes banques, ſon luxe & ſon agriculture ; la ruine de Leipſick, de Liſbonne & de Lima, a fait faire des banqueroutes ſur toutes les places de l'Europe, & a influé ſur la fortune de pluſieurs millions de citoyens.

Le commerce, comme les lumieres, diminue la férocité ; mais auſſi, comme les lumieres ôtent l'enthouſiaſme d'eſtime, il ôte, peut-être, l'enthouſiaſme de vertu ; il éteint peu-à-peu l'eſprit de déſintéreſſe‑ment, qu'il remplace par celui de juſtice ;

L

il adoucit les mœurs que les lumieres poli-
cent ; mais en tournant moins les esprits
au beau qu'à l'utile, au grand qu'au sage,
il altére peut-être la force, la générosité
& la noblesse des mœurs.

De l'esprit de commerce, & de la connoissance que les hommes ont aujourd'hui
des vrais intérêts de chaque nation, il s'ensuit que les Législateurs doivent être moins
occupés de défenses & de conquêtes, qu'ils
ne l'ont été autrefois ; il s'ensuit qu'ils doivent favoriser la culture des terres & des
arts, la consommation & le produit de
leurs productions ; mais ils doivent veiller
en même temps à ce que les mœurs polies
ne s'affoiblissent point trop, & à maintenir
l'estime des vertus guerrieres.

Car il y aura toujours des guerres en
Europe ; on peut s'en fier là dessus aux
intérêts des Ministres, mais ces guerres
qui étoient de nation à nation, ne seront
souvent que de Législateur à Législateur.

Ce qui doit encore embraser l'Europe,
c'est la différence des Gouvernemens ; cette
belle partie du monde est partagée en

Républiques & en Monarchies ; l'esprit de celles-ci est actif, & quoiqu'il ne soit pas de leurs intérêts de s'étendre, elles peuvent entreprendre des conquêtes, dans les momens où elles sont gouvernées par des hommes que l'intérêt de leur nation ne conduit pas ; l'esprit des Républiques est pacifique, mais l'amour de la liberté, une crainte superstitieuse de la perdre, porteront souvent les Etats républicains à faire la guerre pour abaisser ou pour réprimer les Etats monarchiques. Cette situation de l'Europe entretiendra l'émulation des vertus fortes & guerrieres ; cette diversité de sentimens & de mœurs, qui naissent de différens Gouvernemens, s'opposeront au progrès de cette molesse, de cette douceur excessive de mœurs, effet du commerce, du luxe & des longues paix.

LETTRE CVI.
De la Régie.

COMME pere de famille, M. le Surintendant, je regarde la Régie comme une adminiſtration qui me procurera les moyens de lever avec ordre & économie mes revenus ; par elle je ſerai le maître de preſſer ou de retarder la levée des impôts, ſuivant mes beſoins ou ceux de mes peuples ; par elle j'épargnerai à l'Etat les profits immenſes des Fermiers, qui l'appauvriſſent d'une infinité de manieres ; par elle j'épargnerai à mon peuple le ſpectacle des fortunes ſubites qui l'affligent, l'argent levé paſſera par moins de mains, il parviendra plus directement à moi, & par conſéquent retournera plus promptement à mes peuples. Par la Régie je leur épargnerai une infinité de mauvaiſes loix qu'exige toujours du Prince l'avarice importune des fermiers, qui font enviſager un avantage préſent pour des réglemens funeſtes pour l'avenir.

(165)

Comme celui qui a l'argent eſt toujours le maître de l'autre, le Fermier ſe rend deſpotique ſur le Prince même; il ne peut être Légiſlateur, mais il le force à donner des loix. Dans les Républiques, les revenus de l'Etat ſont preſque toujours en Régie; l'établiſſement du contraire fut un grand vice du Gouvernement de Rome. Dans les Etats deſpotiques où la Régie eſt établie, les peuples ſont infiniment plus heureux; témoin la Perſe & la Chine. Les plus malheureux ſont ceux où le Prince donne à ferme ſes ports de mer, & ſes villes de commerce. L'hiſtoire des Monarchies nous peint ſans ceſſe les maux faits par les traitans. Néron indigné des vexations des Publicains, forma le projet impoſſible & magnanime d'abolir tous les impôts; il auroit dû imaginer la Régie.

Quoique, Monſieur, cette adminiſtration ſoit certainement la plus douce & la plus utile, elle ne laiſſe pas d'être ſujette cependant à des inconvéniens : on peut les prévenir en veillant exactement ſur ceux à qui elle eſt confiée, afin qu'ils n'enflent point leurs frais de Régie, & n'en diminuent la recette; car il n'y a point de moyens dont ne ſe ſerve la Finance pour tromper & le Souverain & ſon peuple.

F I N.

TABLE

Des Matieres contenues dans le premier & second Volume.

LETTRES

TOME SECOND.

Fin de la Table.

www.ingramcontent.com/pod-product-compliance
Ingram Content Group UK Ltd.
Pitfield, Milton Keynes, MK11 3LW, UK
UKHW021634170726
13836UKWH00005B/2191

9 782329 333045